메시지 | 신명기

THE MESSAGE: Deuteronomy

Eugene H. Peterson

신명기

유진 피터슨

복 있는 사람

메시지 | 신명기

2020년 8월 14일 초판 1쇄 인쇄
2020년 8월 21일 초판 1쇄 발행

지은이 유진 피터슨
옮긴이 김순현 윤종석 이종태
감수자 김회권
펴낸이 박종현

도서출판 복 있는 사람
주소 서울특별시 마포구 연남동 246-21(성미산로23길 26-6)
전화 02-723-7183(편집), 7734(영업·마케팅) 팩스 02-723-7184
이메일 hismessage@naver.com
등록 1998년 1월 19일 제1-2280호

ISBN 978-89-6360-365-0 00230

이 도서의 국립중앙도서관 출판예정도서목록(CIP)은 서지정보유통지원시스템 홈페이지
(http://seoji.nl.go.kr)와 국가자료공동목록시스템(http://www.nl.go.kr/kolisnet)에서
이용하실 수 있습니다. (CIP 제어번호: 2020032377)

THE MESSAGE: Deuteronomy
by Eugene H. Peterson

『메시지』는 유진 피터슨의 **MESSAGE** 공식 한국어판입니다.
『메시지』 한국어판은 서평이나 비상업적인 목적인 경우 50절까지 인용할 수 있으나, 그 이상 인용하
거나 상업적인 목적인 경우 반드시 저작권자인 복 있는 사람 출판사의 서면 허가를 받아야 합니다.

차례

일러두기

- 유진 피터슨의 『메시지』 영어 원문을 번역하면서, 한국 교회의 실정과 환경을 고려하여 『메시지』 한글 번역본의 극히 일부분을 의역하거나 문장과 용어를 바꾸었다.

- 유진 피터슨은 『메시지』 영어 원문에서, 유일무이한 하나님의 인격적 이름을 주(LORD) 대신에 대문자 GOD로 번역했다. 따라서 『메시지』 한국어판은 많은 논의와 신학 감수를 거쳐, 원저자의 의도를 반영해 '주'(LORD) 대신에 강조체 '**하나님**'(GOD)으로 표기했다.

- 『메시지』 한국어판의 도량형(길이, 무게, 부피)은 『메시지』 영어 원문을 기초로 하여, 오늘날 우리나라에서 일반적으로 통용되는 단위로 환산해 표기했다.

- 지명, 인명은 대한성서공회에서 발행한 『개역개정』 『새번역』 성경의 원칙을 따랐다.

『메시지』를 읽는 독자에게

『메시지』에 독특한 점이 있다면, 현직 목사가 그 본문을 다듬었기 때문일 것이다. 나는 성경의 메시지를 내가 섬기는 사람들의 삶 속에 들여놓는 것을 내게 주어진 일차적 책임으로 받아들이고 성인 인생의 대부분을 살아왔다. 강단과 교단, 가정 성경공부와 산상수련회에서 그 일을 했고, 병원과 양로원에서 대화하면서, 주방에서 커피를 마시고 바닷가를 거닐면서 그 일을 했다. 『메시지』는 40년간의 목회 사역이라는 토양에서 자라난 열매다.

　인간의 삶을 만들고 변화시키는 하나님의 말씀은, 내가 『메시지』 작업을 하는 동안 정말로 사람들의 삶을 만들고 변화시켰다. 우리 교회와 공동체라는 토양에 심겨진 말씀의 씨앗은, 싹을 틔우고 자라서 열매를 맺었다. 현재의 『메시지』를 작업할 무렵에는, 내가 수확기의 과수원을 누비며 무성한 가지에서 잘 영근 사과며 복숭아며 자두를 따고 있다는 기분이 들곤 했다. 놀랍게도 성경에는, 내가 목회하는 성도며 죄인인 사람들이 살아 낼 수 없는 말씀, 이 나라와 문화 속에서 진리로 확증되지 않는 말씀이 단 한 페이지도 없었다.

8

내가 처음부터 목사였던 것은 아니다. 원래 나는 교사의 길에 들어서서, 몇 년간 신학교에서 성경 원어인 히브리어와 그리스어를 가르쳤다. 남은 평생을 교수와 학자로 가르치고 집필하고 연구하며 살겠거니 생각했었다. 그러다 갑자기 직업을 바꾸어 교회 목회를 맡게 되었다.

뛰어들고 보니, 교회는 전혀 다른 세계였다. 제일 먼저 눈에 띈 차이는, 아무도 성경에 별로 관심이 없어 보인다는 점이었다. 얼마 전까지만 해도, 사람들은 내게 돈을 내면서까지 성경을 가르쳐 달라고 했는데 말이다. 내가 새로 섬기게 된 사람들 중 다수는, 사실 성경에 대해 아무것도 몰랐다. 성경을 읽은 적도 없었고, 배우려는 마음조차 없었다. 성경을 몇 년씩 읽어 온 사람들도 많았지만, 그들에게 성경은 너무 익숙해서 무미건조하고 진부한 말로 전락해 있었다. 그들은 지루함을 느낀 나머지 성경을 제쳐 둔 상태였다. 그 양쪽 사이에 있는 사람은 많지 않았다. 내가 가장 중요하게 여긴 일은, 성경 말씀을 그 사람들의 머리와 가슴 속에 들여놓아서, 성경의 메시지가 그들의 삶이 되게 하는 것이었다. 그러나 거기에 관심을 갖는 사람은 거의 없었다. 신문과 잡지, 영화와 소설이 그들 입맛에 더 맞았다.

결국 나는, 바로 그 사람들에게 성경의 메시지를 듣게—정말로 듣게—해주는 일을 내 평생의 본분으로 삼게 되었다. 그것이야말로 확실히 나를 위해 예비된 일이었다.

나는 성경의 세계와 오늘의 세계라는 두 언어 세계에 살고 있었다. 나는 언제나 그 두 세계가 같은 세계인 줄 알았다. 그러나 사람들은 그렇게 보지 않았다. 나는 어쩔 수 없이 "번역가"(당시에는 그런 표현을 쓰지 않았지만)가 되었다. 날마다 그 두 세계의 접경에 서서, 하나님이 우리를 창조하시고 구원하시고 치유하시고 복 주시고 심판하시고 다스리실 때 쓰시는 성경의 언어를, 우리가 잡담하고 이야기하고 길을 알려 주고 사업하고 노래 부르고 자녀에게 말할 때 쓰는 오늘의 언어로 옮긴 것이다.

그렇게 하는 동안, 성경의 원어—강력하고 생생한 히브리어와 그리스어—는 끊임없이 내 설교의 물밑에서 작용했다. 성경의 원어는 단어와 문장을 힘 있고 예리하게 해주고, 내가 섬기는 사람들의 상상력을 넓혀 주었다. 그래서 오늘의 언어 속에서 성경의 언어를 듣고, 성경의 언어 속에서 오늘의 언어를 들을 수 있게 해주었다.

나는 30년간 한 교회에서 그 일을 했다. 그러던 어느 날(1990년 4월 30일이었다), 한 편집자가 내게 편지를 보내 왔다. 그동안 내가 목사로서 해온 일의 연장선에서 새로운 성경 번역본을 집필해 달라는 청탁의 편지였다. 나는 수락했다. 그 후 10년은 수확기였다. 그 열매가 바로 『메시지』다.

『메시지』는 읽는 성경이다. 기존의 탁월한 주석성경을 대체하기 위한 것이 아니다. 내 취지는 간단하다. (일찍이 우리 교회와 공동체에서도 그랬듯이) 성경이 충분히 읽을 수 있는 책이라는 사실을 모르는 사람들에게 성경을 읽게 해주고, 성경에 관심을 잃은 지 오래된 사람들에게 성경을 다시 읽게 해주는 것이다. 그렇다고 굳이 내용을 쉽게 하지는 않았다. 성경에는 이해하기 어려운 부분도 많이 있다. 그래서 『메시지』를 읽다 보면, 더 깊은 연구에 도움이 될 주석성경을 구하는 일이 조만간 중요하게 여겨질 것이다. 그때까지는, 일상을 살기 위해 읽으라. 읽으면서 이렇게 기도하라. "하나님, 말씀하신 대로 내게 이루어지기를 원합니다."

유진 피터슨

신명기 | 머리말

신명기는 설교, 그야말로 설교의 연속이다. 성경에서 가장 긴 설교이며, 어쩌면 이제까지 설교자들이 전한 설교 가운데 가장 긴 설교일지도 모른다. 신명기는 모세가 모압 평야에서 온 이스라엘 자손 앞에 설교하는 모습을 제시한다. 신명기는 그의 마지막 설교다. 설교를 마친 후 그는, 설교단을 평야에 남겨 둔 채 산으로 올라가 거기서 생을 마감할 것이다.

이 설교의 배경은 감동과 흥분을 한껏 자아낸다. 모세는 이집트에서 태어나 죽음의 위협을 받는 어린아이의 모습으로 성경의 구원 이야기에 등장했다. 그로부터 120년이 지난 지금, 그는 여전히 눈이 맑고 발걸음이 활기찬 모습으로 이 장대한 설교를 전하고 죽는다. 여전히 말씀과 생명으로 충만한 채 죽음을 맞이한다.

이 설교는 모든 설교가 지향하는 바를 그대로 견지한다. 말하자면 과거에 기록되고 선포된 하나님의 말씀을 고르고, 조상의 경험과 개인의 경험을 취하여, 그 말씀과 경험을 지금 여기서 하나의 사건으로 재현하는 것이다. 하나님의 말씀은 연구 대상으로만 존재하는 문학적 가공물이 아니다. 인간의 경험 역시 그저 후회나 감탄을 불러일으키기 위해 존재하는 죽은 역사가 아니다. 모세가 이 설교 전체에 걸쳐서 "오늘"이라는 말과 "이날"이라는 말을 모자이크처럼 계속 반복해서 사용하는 이유는, 청중의 주의를 팽팽하게 붙잡아 즉각적인 응답을 이끌어 내려는 것이다. "이렇게 살아라! 지금 당장!"이라고 말씀하시는 하나님의 충만한 계시를 통해 인간의 다양한 경험은 생명을 얻고 구원을 얻는다.

내가 오늘 여러분에게 명령하는 이 계명은 여러분에게 어려운 것도 아니요, 여러분의 힘이 미치지 않는 곳에 있는 것도 아닙니다. 그 계명이 높은 산 위에 있어, 누가 산꼭대기에 올라가서 그것을 가지고 내려와 여러분의 수준에 맞게 풀이해 주어야, 여러분이 그 계명대로 살아갈 수 있는 것도 아닙니다. 또한 그 계명이 바다 건너편에 있어, 누가 바다를 건너가서 그것을 가져다가 설명해 주어야, 여러분이 그 계명대로 살아갈 수 있는 것도 아닙니다. 그렇습니다. 그 말씀은 바로 지금 여기에 있습니다. 입 속 혀처럼 가까이, 가슴 속 심장처럼 가까이 있습니다. 그러니 바로 행하십시오!

내가 오늘 여러분을 위해 한 일을 보십시오.
내가 여러분 앞에

생명과 선,
죽음과 악을 두었습니다.

내가 오늘 여러분에게 명령합니다. **하나님** 여러분의 하나
님을 사랑하십시오. 그분의 길을 따라 걸어가십시오. 그
분의 계명과 법도와 규례를 지키십시오. 그러면 여러분이
참으로 살고, 풍성하게 살 것입니다. **하나님** 여러분의 하
나님께서 여러분이 들어가 차지할 땅에서 여러분에게 복
을 내리실 것입니다(신 30:11-16).

모압 평야는 이집트 땅에서 약속의 땅으로, 종의 상태에서
자유인의 상태로 나아가는 사십 년 여정의 마지막 정거장이
다. 하나의 공동체로서의 이스라엘 백성은 구원, 방황, 반
역, 전쟁, 섭리, 예배, 인도하심 등 많은 것을 경험했다. 또
한 이스라엘 백성은 하나님께로부터 계명과 언약 조건과 제
사 절차에 관해 들었다. 그리고 요단 강을 건너 새 땅을 차
지할 준비가 된 지금, 모세는 모압 평야에서 이 위대한 설교
를 전하면서, 이스라엘 백성이 경험한 것과 하나님이 알려
주신 것을 하나라도 잊어서는 안된다고 당부한다. 그는 이
스라엘 백성이 경험한 구원과 섭리를 현재 시제로 옮기고
(1-11장), 하나님께서 알려 주신 계명과 언약도 현재 시제
로 옮긴다(12-28장). 그런 다음 그는 당부와 노래와 축복으
로 그 모든 것을 마무리하며, 오늘 여기서 순종하는 믿음의

삶을 시작하도록 그들을 떠나보낸다(29-34장).

"자, 가자!"

신명기

1 ¹⁻² 이것은 요단 강 동쪽 아라바 광야에서 모세가 온 이스라엘 백성에게 전한 설교다. 아라바는 숩 맞은 편, 곧 바란, 도벨, 라반, 하세롯, 디사합 부근에 있는 광야다. 호렙에서 세일 산을 지나 가데스바네아까지는 열하루가 걸린다.

³⁻⁴ 사십 년째 되던 해 열한째 달 첫째 날에, 모세는 **하나님**께서 이스라엘 백성과 관련하여 그에게 명령하신 모든 것을 그들에게 전해 주었다. 이는 모세가 헤스본에서 다스리던 아모리 왕 시혼과 에드레이의 아스다롯에서 다스리던 바산 왕 옥을 쳐부순 다음에 있었던 일이다. 모세는 요단 강 동쪽

모압 땅에서 이 계시의 말씀을 설명하기 시작했다.

모세가 모압 평야에서 전한 설교

⁵ 모세가 말했다.

⁶⁻⁸ 전에 호렙 산에서, **하나님** 우리 하나님께서 우리에게 이렇게 말씀하셨습니다. "너희는 이 산에서 꽤 오래 머물렀다. 이제 길을 떠나라. 어서 출발하여라. 아모리 사람의 산지로 가거라. 아라바, 산지들, 작은 언덕들, 네겝 지역, 바닷가 등 사람이 살고 있는 곳이면 어디로든 나아가거라. 또 가나안 사람의 땅과 레바논을 거쳐 멀리 큰 강 유프라테스까지 나아가거라. 보아라, 내가 이 땅을 너희에게 주었다. 이제 너희는 그 땅에 들어가서 그 땅을 차지하여라. 그 땅은 **하나님**이 너희 조상 아브라함과 이삭과 야곱과 그 자손에게 주겠다고 약속한 땅이다."

⁹⁻¹³ 그때에 내가 여러분에게 이렇게 말했습니다. "나 혼자서는 이 일을 할 수 없습니다. 나 혼자서는 여러분의 짐을 질 수 없습니다. **하나님** 여러분의 하나님께서 여러분의 수를 늘어나게 해주셨습니다. 여러분 자신을 보십시오. 여러분의 수가 하늘의 별들에 뒤지지 않습니다! **하나님** 여러분 조상의 하나님께서 계속 그렇게 해주셔서 여러분의 수를 천 배나 늘어나게 하시고, 약속하신 대로 여러분에게 복 주시기를 원합니다. 하지만 나 혼자서 어떻게 여러분의 힘든 문제와 여러분의 무거운 짐과 여러분 사이의 분쟁을 감당할 수

있겠습니까? 그러니 여러분은 자기 지파에서 지혜롭고 사려 깊고 경험 많은 사람들을 뽑으십시오. 그러면 내가 그들을 여러분의 지도자로 세우겠습니다."

¹⁴ 그러자 여러분은 내게 "좋습니다! 훌륭한 해결책입니다" 하고 대답했습니다.

¹⁵ 그래서 나는 여러분의 지파에서 지혜롭고 경험 많은 사람들을 뽑아 여러분의 지도자로 삼았습니다. 여러분이 속한 지파들에 맞게 천 명을 맡을 지도자, 백 명을 맡을 지도자, 오십 명을 맡을 지도자, 열 명을 맡을 지도자를 뽑아 관리로 삼은 것입니다.

¹⁶⁻¹⁷ 동시에 나는 여러분의 재판관들에게 이렇게 명령했습니다. "그대들의 동족인 이스라엘 자손 사이에 서로 고소하고 소송하는 일이 생기면, 잘 듣고 공정하게 재판하시오. 동족 사이에서만 그럴 것이 아니라 동족과 외국인 사이에 발생한 일도 공정하게 재판하시오. 어느 한쪽을 편들지 말고, 힘없는 사람이나 유력한 사람이나 똑같이 대하시오. 각 사람의 말을 주의 깊게 들으시오. 유명인사라고 해서 주눅 들 것 없습니다. 그대들이 하는 재판은 하나님의 재판이기 때문이오. 그대들이 처리하기 힘든 사건은 내게 가져오시오. 그것은 내가 처리하겠습니다."

¹⁸ 그때에 나는 여러분이 해야 할 일을 여러분에게 다 지시했습니다.

¹⁹⁻²¹ 우리는 **하나님** 우리 하나님께서 명령하신 대로 호렙을 떠나 아모리 사람의 산지로 향했습니다. 우리는 여러분이 이제껏 보아 온 것보다 크고 두려운 광야를 지나 마침내 가데스바네아에 이르렀습니다. 거기서 내가 여러분에게 말했습니다. "여러분은 **하나님** 우리 하나님께서 우리에게 주시는 아모리 사람의 산지에 이르렀습니다. 보십시오, **하나님** 여러분의 하나님께서 여러분 앞에 이 땅을 선물로 두셨습니다. 어서 가서 그 땅을 차지하십시오. **하나님** 여러분 조상의 하나님께서 그 땅을 여러분에게 주시겠다고 약속하셨습니다. 그러니 두려워하지 마십시오. 낙심하지 마십시오."

²² 그러나 그때 여러분은 모두 나에게 와서 말했습니다. "우리보다 먼저 몇 사람을 보내어 그 땅을 정탐하게 한 다음, 어느 길로 가는 것이 가장 좋은지, 우리가 차지할 만한 성읍은 어떤 곳이 있는지 보고하게 합시다."

²³⁻²⁵ 나는 그 의견을 좋게 여겨 각 지파에서 한 사람씩 열두 사람을 뽑았습니다. 그들은 길을 떠나 산지로 올라가서, 에스골 골짜기에 이르러 그 땅을 샅샅이 조사했습니다. 그들은 그 땅의 열매를 가지고 우리에게 돌아와서 "**하나님** 우리 하나님께서 우리에게 주시는 땅은 좋은 땅입니다!" 하고 말했습니다.

²⁶⁻²⁸ 그러나 그때 여러분은 올라가려고 하지 않고, 오히려 **하나님** 여러분의 하나님의 명백한 말씀을 거역했습니다. 여러분은 장막 안에서 불평하며 말했습니다. "하나님께서 우

리를 미워하시는구나. 하나님께서 우리를 아모리 사람 가
운데 던져 버리시려고 이집트에서 이끌어 내셨다. 우리에
게 사형선고를 내리신 게 틀림없어! 우리가 어떻게 올라갈
수 있단 말인가? 우리는 막다른 골목으로 몰린 거야. 우리
형제들도 '그 땅 백성은 우리보다 훨씬 크고 강하다. 그들의
성읍들은 크고, 그들의 요새들은 엄청나게 견고하기 이를
데 없다. 우리는 거기서 거인족인 아낙 자손까지 보았다!'
하면서 우리의 기를 꺾지 않았던가!"

²⁹⁻³³ 나는 두려워하는 여러분을 안심시키려고 이렇게 말했
습니다. "그들을 두려워하지 마십시오. **하나님** 여러분의 하
나님께서 앞서 가시며 여러분을 위해 싸우고 계십니다. 그
분께서 여러분을 위해 이집트에서 어떻게 일하셨는지, 광야
에서는 어떻게 일하셨는지, 여러분의 두 눈으로 똑똑히 보
았습니다. 여러분은, 아버지가 자기 아이를 안고 가듯이, **하
나님** 여러분의 하나님께서 여러분이 이곳에 이를 때까지 줄
곧 여러분을 안고 다니시는 것도 보았습니다. 그러나 이제
이곳에 이르렀으면서도, 여러분은 **하나님** 여러분의 하나님
을 신뢰하려고 하지 않는군요. 이 **하나님**께서 여러분의 여
정 가운데 여러분보다 앞서 가시며 진 칠 곳을 정찰하시고,
밤에는 불기둥으로 낮에는 구름기둥으로 여러분이 가야 할
길을 보여주시는데도 말입니다."

³⁴⁻³⁶ **하나님**께서는 여러분이 하는 말을 들으시고, 진노하며
맹세하셨습니다. "이 악한 세대 가운데서는 단 한 사람도,

내가 너희 조상에게 주기로 약속한 좋은 땅을 얻지 못할 것이다. 얻기는커녕 보지도 못할 것이다. 다만 여분네의 아들 갈렙만은 예외다. 그는 그 땅을 볼 것이다. 그가 마음과 뜻을 다해 **하나님**을 따랐으니, 그가 밟은 땅을 내가 그와 그의 자손에게 주겠다.”

37-40 나 또한 벌을 받았습니다. 여러분 때문에 **하나님**의 진노가 나에게까지 미친 것입니다. 그분께서는 이렇게 말씀하셨습니다. “너도 그 땅에 들어가지 못할 것이다. 너의 부관 눈의 아들 여호수아는 들어갈 것이다. 너는 그에게 용기를 북돋아 주어라. 그는 이스라엘 자손에게 유산을 찾아 줄 적임자다. 또한 너희가 노획물로 잡혀갈 것이라고 한 너희 젖먹이들과, 아직 옳고 그름조차 구별하지 못하는 이 어린아이들도 모두 그 땅에 들어갈 것이다. 내가 그들에게 그 땅을 주겠다. 그렇다. 그들이 그 땅의 새로운 주인이 될 것이다. 그러나 너희는 아니다. 너희는 발길을 돌려, 홍해 길을 따라 광야로 돌아가거라.”

41 그러자 여러분은 이렇게 말했습니다. “우리가 **하나님**께 죄를 지었습니다. **하나님** 우리 하나님께서 명령하신 대로 우리가 올라가 싸우겠습니다.” 여러분은 무기를 들고 전투할 태세를 갖췄습니다. 그 산지로 들어가는 것을 너무나 쉽게 여겼던 것입니다!

42 그러나 **하나님**께서 내게 말씀하셨습니다. “그들에게 이렇게 전하여라. ‘그렇게 하지 마라. 싸우러 올라가지 마라.

내가 이 일에 너희와 함께하지 않겠다. 너희 원수들이 너희를 죽일 것이다.'"

43-46 내가 그 말을 여러분에게 전했지만, 여러분은 들으려하지 않았습니다. 여러분은 **하나님**의 명백한 말씀을 거역했습니다. 가슴을 펴고 자신만만하게 산지로 들어갔습니다. 그러자 평생을 그 산지에서 살아온 아모리 사람이 여러분에게 벌 떼처럼 달려들어, 세일에서 호르마까지 여러분을 뒤쫓았습니다. 그것은 여러분이 당한 뼈아픈 패배였습니다. 여러분은 돌아와 **하나님** 앞에서 통곡했지만, **하나님**께서는 여러분을 조금도 거들떠보지 않으셨고, 관심조차 보이지 않으셨습니다. 그래서 여러분은 예전만큼이나 오랫동안 가데스에 머물렀던 것입니다.

광야에서 보낸 시간들

2 ¹ 우리는 **하나님**께서 내게 지시하신 대로, 발길을 돌려 홍해 길을 따라 광야로 들어갔습니다. 우리는 오랫동안, 세일 산지 일대를 떠돌아다녔습니다.

2-6 그때에 **하나님**께서 말씀하셨습니다. "너희가 이 산지에서 오랫동안 떠돌았으니, 이제 북쪽으로 가거라. 백성에게 이렇게 명령하여라. '너희는 세일에 자리 잡은 너희 동족에서의 자손이 사는 땅을 통과하게 될 것이다. 그들이 너희를

두려워하니, 조심하여라. 그들과 싸우지 마라. 그들의 땅은 한 뼘이라도 내가 너희에게 주지 않을 것이다. 세일 산지는 내가 이미 에서에게 주었으니, 그가 그 땅의 주인이다. 너희가 그들에게서 먹을 것을 얻거나 마실 것을 얻거든, 반드시 값을 치러야 한다.'"

7 **하나님** 여러분의 하나님께서는 여러분이 하는 모든 일에 복을 주셨습니다. 그리고 여러분이 이 넓은 광야를 지나는 동안 여러분을 지켜 주셨습니다. 지난 사십 년 동안 **하나님** 여러분의 하나님께서 여러분과 함께 이곳에 계셨으므로, 여러분에게는 부족한 것이 하나도 없었습니다.

8 우리는 세일에 사는 우리 동족 에서의 자손을 비켜 지나왔습니다. 엘랏과 에시온게벨에서 시작되는 아라바 길을 포기한 것입니다. 그 대신에 우리는 모압 광야를 가로지르는 길로 접어들었습니다.

9 **하나님**께서 내게 말씀하셨습니다. "모압 사람과 싸우려 하지 마라. 나는 너희에게 그들의 땅 어느 곳도 주지 않을 것이다. 아르 지역의 소유권은 내가 롯의 자손에게 주었기 때문이다."

10-12 전에는 에밈 사람(몸집이 거대한 사람들)이 그곳에 살았는데, 그들은 아낙 사람처럼 몸집이 큰 거인족이었습니다. 그들은 아낙 사람처럼 르바 사람(귀신 같은 사람들)과 같은 무리로 여겨졌으나, 모압에서는 에밈 사람으로 알려졌습니다.

전에 세일에는 호리 사람도 살았지만, 에서의 자손이 그 땅을 차지하고 그들을 멸망시켰습니다. 이것도 **하나님**께서 이스라엘에게 주셔서 차지하게 하신 땅에서 한 것과 같습니다.

13 **하나님**께서 "이제 세렛 시내를 건너라" 말씀하셔서, 우리는 세렛 시내를 건넜습니다.

14-15 우리가 가데스바네아에서 세렛 시내에 이르기까지는 삼십팔 년이 걸렸습니다. 그 세월이 어찌나 길었던지, **하나님**께서 맹세하신 대로, 그 세대의 모든 군사가 진에서 다 죽었습니다. 최후의 한 사람이 진에서 사라질 때까지 **하나님**께서 그들을 가차 없이 치신 것입니다.

16-23 마지막 군사까지 다 죽자, **하나님**께서 내게 말씀하셨습니다. "오늘 너는 모압 땅 아르를 가로질러 갈 것이다. 암몬 자손에게 가까이 이르거든, 그들에게 싸움을 걸지 말고 그들과 싸우지도 마라. 암몬 자손의 땅은 내가 너희에게 주지 않을 것이기 때문이다. 그 땅은 내가 이미 롯의 자손에게 주었다." 그곳도 르바 사람의 땅으로 알려진 곳이었습니다. 전에 그곳에 르바 사람이 살았는데, 암몬 사람은 그들을 삼숨 사람(미개인들)이라 불렀습니다. 그들은 아낙 사람처럼 거인족이었고 거대한 무리였습니다. **하나님**께서 그들을 멸하셨으므로, 암몬 사람이 들어가 그 땅을 차지했습니다. 이는 세일에 사는 에서의 자손이 한 것과 같습니다. 보다시피, **하나님**께서 그곳에 먼저 살던 호리 사람을 없애 버리시자,

에서의 자손이 들어가 그 땅을 차지하게 된 것입니다. 이는 가사에 이르기까지 여러 마을에 살던 아위 사람의 경우도 마찬가지입니다. 갑돌(크레타)에서 온 갑돌 사람이 그들을 소탕하고 그곳에 들어가 살게 된 것입니다.

헤스본 왕 시혼을 진멸하다

24-25 "이제 일어나서, 떠나라. 아르논 시내를 건너라. 보아라, 헤스본 왕 아모리 사람 시혼과 그의 땅이 여기 있다. 내가 그 땅을 너희 손에 넘겨주겠다. 그 땅은 이제 너희 것이다. 어서 가서 그 땅을 차지하여라. 가서 그와 싸워라. 오늘이 다 가기 전에, 내가 반드시 이 주변에 사는 모든 백성이 두려움에 떨게 하겠다. 너희 소문이 들불처럼 퍼져서, 그들이 벌벌 떨게 될 것이다."

26-28 나는 그데못 광야에서 헤스본 왕 시혼에게 사신을 보내어, 다음과 같이 우호적인 메시지를 전했습니다. "큰길을 따라 왕의 영토를 지나가게 해주십시오. 내가 오른쪽으로나 왼쪽으로나 벗어나지 않고, 큰길로만 가겠습니다. 음식이나 물이 필요한 경우에는 값을 치르겠습니다. 걸어서 지나가게만 해주십시오.

29 세일에 사는 에서의 자손과 아르에 사는 모압 사람도 그렇게 해주었습니다. 내가 요단 강을 건너, 하나님 우리 하나님께서 우리에게 주시는 땅에 들어갈 때까지 계속해서 길을 갈 수 있도록 도와주십시오."

³⁰ 그러나 헤스본 왕 시혼은 우리가 그의 영토를 지나가는 것을 허락하지 않았습니다. 여러분이 본 것처럼, **하나님** 여러분의 하나님께서 그를 여러분 손에 넘겨주시려고, 그의 성품을 비열하게 하시고 그의 마음을 완악하게 하셨습니다. ³¹ 그때에 **하나님**께서 내게 말씀하셨습니다. "보아라, 이제 내가 일을 시작했으니, 시혼과 그의 땅이 조만간 네 차지가 될 것이다. 어서 가서, 그 땅을 차지하여라. 이제 그 땅은 네 것이나 다름없다!"

³²⁻³⁶ 시혼과 그의 모든 군대가 우리와 맞서 싸우려고 야하스로 진격해 왔습니다. 자신의 모든 군대를 이끌고 나와 야하스에서 우리와 맞서 싸웠습니다. **하나님**께서 그와 그의 아들들과 그의 모든 군대를 우리 손에 넘겨주셔서, 우리는 그들을 모조리 쳐부수었습니다. 여세를 몰아 우리는 그의 모든 성읍을 점령하고, 남자와 여자, 아이 할 것 없이 모조리 없앴습니다. 그야말로 거룩한 진멸이었습니다. 살아남은 자가 하나도 없었습니다. 다만 가축과 그 성읍에서 탈취한 물건은 우리 것으로 삼았습니다. 아르논 시내 끝자락에 있는 아로엘과 그 골짜기 가운데 있는 성읍에서부터 멀리 길르앗에 이르기까지, 우리가 감당하지 못할 성읍은 하나도 없었습니다. **하나님** 우리 하나님께서는 최후의 한 성읍까지 우리에게 주셨습니다.

³⁷ 여러분이 **하나님**의 명령에 순종하여 **빼앗지** 않은 땅은, 암몬 자손의 땅과 얍복 강 일대의 땅, 그리고 산지의 성읍들

주변에 있는 땅뿐이었습니다.

바산 왕 옥을 진멸하다

3

¹ 그런 다음 우리는 북쪽으로 방향을 바꾸어 바산 길로 나아갔습니다. 바산 왕 옥은 우리와 맞서 싸우려고 자신의 모든 백성을 거느리고 에드레이로 나왔습니다. ² **하나님**께서 내게 말씀하셨습니다. "그를 두려워하지 마라. 내가 그와 그의 모든 군대와 그의 땅을 네 손에 넘겨주겠다. 헤스본에서 다스리던 아모리 왕 시혼을 처치한 것과 같이 그를 처치하여라."

³⁻⁷ **하나님** 우리 하나님께서는 바산 왕 옥과 그의 모든 백성도 우리 손에 넘겨주셨고, 이에 우리는 그들을 모조리 진멸했습니다. 이번에도 살아남은 자가 하나도 없었습니다. 동시에 우리는 그의 성읍들도 모두 빼앗았습니다. 바산 왕 옥의 영토인 아르곱 전역의 육십 개 성읍 가운데서 우리가 빼앗지 못한 성읍은 하나도 없었습니다. 그 성읍들은 하나같이 성벽이 높고 성문마다 빗장을 걸어 잠근 요새였습니다. 성곽이 없는 마을들도 많았습니다. 우리는 그 마을들도 모조리 쳐부수었습니다. 그야말로 거룩한 진멸이었습니다. 우리는 헤스본 왕 시혼에게 한 것과 똑같이 했습니다. 모든 성읍과 남자와 여자, 아이 할 것 없이 모조리 없애는, 그야말로 거룩한 진멸이었습니다. 그러나 가축과 그 성읍에서 탈취한 물건은 우리 것으로 삼았습니다.

⁸⁻¹⁰ 그때에 우리는 요단 강 동쪽 땅을 다스리던 두 아모리 왕의 손에서, 아르논 시내에서 헤르몬 산에 이르는 땅을 빼앗았습니다. (시돈 사람들은 헤르몬을 시룐이라 불렀고, 아모리 사람들은 스닐이라 불렀습니다.) 우리는 고원 지대의 모든 성읍과 길르앗 온 땅과 바산 온 땅을 빼앗고, 바산 왕 옥의 영토 경계에 있는 성읍인 살르가와 에드레이까지 빼앗았습니다.

¹¹ 바산 왕 옥은 르바 사람 가운데서 마지막 생존자였습니다. 쇠로 만든 그의 침대는 길이가 4미터, 너비가 1.8미터인데, 암몬 자손이 사는 랍바에 있어 지금도 볼 수 있습니다.

요단 강 동쪽 땅 분배

¹² 나는 우리가 당시에 차지한 땅 가운데서 아르논 시내 일대의 아로엘 북쪽 땅과 길르앗 산지 절반과 거기에 딸린 성읍들을 르우벤 자손과 갓 자손에게 주었습니다.

¹³ 므낫세 반쪽 지파에게는 길르앗의 나머지 땅과 바산 왕 옥의 영토 전역, 곧 바산 전역을 포함한 아르곱의 모든 지역을 주었습니다. 아르곱은 전에 르바 사람의 땅으로 알려진 곳입니다.

¹⁴ 므낫세의 아들 야일은 그술 사람과 마아갓 사람의 경계까지 이르는 아르곱 땅을 모두 차지했습니다. 그는 그곳 바산 마을들을 자기 이름을 따서 하봇야일(야일의 장막촌)이라 불렀습니다. 그 마을들은 지금도 그렇게 불립니다.

¹⁵ 나는 마길에게는 길르앗을 주었습니다.

16-17 르우벤 자손과 갓 자손에게는 아르논 시내 중앙을 경계로 하여 길르앗에서 아르논 시내에 이르는 땅을 주고, 암몬 자손의 경계인 얍복 강까지 주었습니다. 서쪽으로는 아라바에 있는 요단 강까지, 동쪽으로는 비스가 산 기슭까지를 경계로 하여, 긴네렛(갈릴리 바다)에서 아라바 바다(소금 바다, 사해)에 이르는 지역을 주었습니다.

❧

18-20 그때에 나는 여러분에게 이렇게 명령했습니다. "하나님 여러분의 하나님께서 이 땅을 여러분에게 주셔서 차지하게 하셨습니다. 그러니 군사들은 싸울 준비를 갖추고 여러분의 형제인 이스라엘 백성보다 앞서 강을 건너야 합니다. 다만 여러분의 아내와 아이들, 그리고 (내가 알기로 여러분이 많이 거느리고 있는) 가축들은 내가 앞서 여러분에게 나누어 준 성읍들로 가서 정착해도 됩니다. 하나님께서 여러분에게 주신 것과 마찬가지로 여러분의 형제들에게도 살 곳을 확보해 주실 것입니다. 그들이 하나님 여러분의 하나님께서 그들에게 주시는 요단 강 서쪽 땅을 차지하게 되면, 그제야 여러분은 저마다 내가 이곳에서 여러분에게 나누어 준 땅으로 돌아갈 수 있습니다."

너는 요단 강을 건너지 못할 것이다

21-22 그때에 나는 여호수아에게 명령했습니다. "너는 하나님

너희 하나님께서 이 두 왕에게 행하신 모든 것을 두 눈으로
똑똑히 보았다. 하나님께서는 네가 건너갈 강 건너편 모든
나라에도 똑같이 행하실 것이다. 그들을 두려워하지 마라.
하나님 너희 하나님께서 친히 너희를 위해 싸우실 것이다."
23-25 동시에 나는 하나님께 간절히 구했습니다. "주 나의 하
나님, 주께서는 이 일의 시작부터 저를 참여시키셨습니다.
주께서는 제게 주의 위대하심을 나타내시고, 주의 권능을
보여주셨습니다. 하늘과 땅에 있는 어떤 신이 주께서 행하
신 것과 같은 일을 행할 수 있겠습니까! 부디, 이 일의 마지
막까지 저를 참여시켜 주셔서, 제가 저 강을 건너 요단 강
저편에 있는 좋은 땅, 초목이 무성한 언덕, 레바논의 산들을
보게 해주십시오."
26-27 그러나 하나님께서는 여러분 때문에 내게 진노하셔서,
나의 간구를 들어주지 않으셨습니다. 그분께서 말씀하셨습
니다. "이제 됐다. 더 이상 이 일로 내게 말하지 마라. 너는
비스가 산 정상에 올라가서 동서남북 사방을 둘러보아라.
그 땅을 네 두 눈에 담아 두어라. 너는 이 요단 강을 건너지
못할 것이니, 잘 보아 두어라.
28 너는 여호수아에게 명령하여, 그에게 용기와 힘을 북돋아
주어라. 그가 혼자서 이 백성을 이끌고 강을 건너서, 네가
바라보기만 하고 들어갈 수 없는 그 땅을 그들에게 유산으
로 받게 할 것이다."
29 그래서 우리는 벳브올 맞은편 이 골짜기에 머물렀습니다.

지켜야 할 하나님의 규례와 법도

4 ¹⁻² 이스라엘 여러분, 들으십시오. 내가 여러분에게 가르치는 규례와 법도를 잘 듣고 따르십시오. 그리하면 여러분이 살 것이요, **하나님** 여러분 조상의 하나님께서 여러분에게 주시는 땅에 들어가 그 땅을 차지할 것입니다. 내가 여러분에게 명령하는 말에 한 마디도 더하거나 **빼**지 마십시오. 여러분은 내가 여러분에게 전하는, **하나님** 여러분의 하나님의 명령을 지키십시오.

³⁻⁴ 여러분은 **하나님**께서 바알브올에서 행하신 일을 두 눈으로 보았습니다. **하나님**께서 바알브올 광란의 축제에 참여한 모든 사람을 여러분 가운데서 어떻게 멸하셨는지 똑똑히 보았습니다. 그러나 **하나님** 여러분의 하나님을 꼭 붙잡은 사람은 오늘까지 다 살아 있습니다.

⁵⁻⁶ 잘 들으십시오, 내가 **하나님**께서 내게 명령하신 규례와 법도를 여러분에게 가르쳐 주겠습니다. 이것은 여러분이 들어가 소유하게 될 땅에서 이 규례와 법도를 지키며 살게 하려는 것입니다. 여러분은 이것을 지켜 실천하십시오. 그러면 여러분은 지혜롭고 슬기로워질 것입니다. 사람들이 여러분에 대해 듣고 눈으로 확인하고서 "대단한 민족이다! 어떻게 저토록 지혜롭고 슬기로울 수 있을까! 저런 민족은 처음 본다" 하고 말할 것입니다.

⁷⁻⁸ 맞습니다. 우리와 함께 계시고, 늘 우리 말을 들으시는 **하나님** 우리 하나님처럼 친밀하신 신을 섬기는 위대한 민

족이 또 어디 있겠습니까? 내가 오늘 여러분 앞에 제시하는
이 계시의 말씀만큼 선하고 올바른 규례와 법도를 가진 위
대한 민족이 또 어디 있겠습니까?

⁹ 정신을 바짝 차리고, 여러분 자신을 면밀히 살피십시오.
여러분이 본 것을 잊지 마십시오. 여러분의 마음이 흐트러지
지 않게 하십시오. 평생토록 깨어 있으십시오. 여러분이 보
고 들은 것을 여러분의 자녀와 손자손녀에게 가르치십시오.

¹⁰ 여러분이 호렙에서 **하나님** 여러분의 하나님 앞에 서던
날, **하나님**께서 내게 말씀하셨습니다. "백성을 내 앞에 불
러 모아 내 말에 귀를 기울이게 하여라. 그들이 그 땅에서
사는 날 동안 거룩한 두려움으로 나를 경외하는 법을 배우
고, 똑같은 말씀을 그들의 자녀에게도 가르치게 하여라."

¹¹⁻¹³ 여러분이 모여서 산기슭에 서자, 그 산에 불이 활활 타
올라 불길이 하늘 높이 치솟았습니다. 칠흑 같은 어둠과 짙
은 구름이 여러분을 감쌌습니다. **하나님**께서 불 가운데서
여러분에게 말씀하셨습니다. 여러분은 말씀하시는 소리만
들었을 뿐 아무것도 보지 못했습니다. 아무 형상도 보지 못
하고 오직 그 음성만 들었습니다. 하나님께서는 그분의 언
약, 곧 십계명을 선포하셨습니다. 여러분에게 그 계명대로
살라고 명령하시면서, 그것을 두 돌판에 써 주셨습니다.

¹⁴ 그때에 **하나님**께서 내게 명령하시기를, 여러분이 요단 강
을 건너가 차지할 땅에서 지키며 살아야 할 규례와 법도를
여러분에게 가르쳐 주라고 하셨습니다.

15-20 **하나님**께서 호렙 산 불 가운데서 여러분에게 말씀하시던 날, 여러분은 아무 형상도 보지 못했습니다. 그 점을 기억하십시오. 여러분이 타락하여 형상을 만드는 일이 없도록 스스로 조심하십시오. 남자의 형상이든 여자의 형상이든, 어슬렁거리는 짐승의 형상이든 날아다니는 새의 형상이든, 기어 다니는 뱀의 형상이든 물속 물고기의 형상이든, 아무 것도 돌에 새기지 마십시오. 또 하늘로 눈을 들어, 해와 달과 별들, 곧 하늘의 온갖 천체를 보고 미혹되어서, 그것들을 경배하고 섬기는 일이 없도록 스스로 조심하십시오. 그것들은 도처에 있는 세상 모든 사람을 위해 **하나님**께서 진열해 놓으신 것에 불과합니다. 그러나 여러분은, **하나님**께서 용광로와 같은 이집트에서 건져 내셔서, 오늘 이처럼 그분 소유의 백성이 되게 하셨습니다.

21-22 그러나 **하나님**께서는 여러분과 여러분이 한 말 때문에 내게 진노하셨습니다. 그분께서는 내가 요단 강을 건너지 못하고, **하나님** 여러분의 하나님께서 여러분에게 유산으로 주시는 저 아름다운 땅에 들어가지 못할 것이라고 맹세하셨습니다. 이는 내가 이 땅에서 죽는다는 뜻입니다. 나는 요단 강을 건너지 못하지만, 여러분은 건너가서 저 아름다운 땅을 차지할 것입니다.

23-24 그러니 정신을 바짝 차리십시오. **하나님** 여러분의 하나님께서 여러분과 맺으신 언약을 한순간도 잊지 마십시오. 어떤 형상이든, 새겨 만든 우상들에 관심을 갖지 마십시오.

이는 **하나님** 여러분의 하나님께서 분명하게 내리신 명령입
니다. **하나님** 여러분의 하나님을 함부로 대해서는 안됩니다.
그분은 태워 버리는 불이시며, 질투하는 하나님이십니다.

25-28 여러분이 자녀를 낳고 손자손녀를 보고 나이를 먹어 가
면서 그것들을 당연한 것으로 여기며 살다가, 그만 타락하
여 어떤 형상이든 돌에 새겨 만들거나, **하나님** 보시기에 분
명히 악한 짓을 하여 그분의 진노를 산다면, 내가 하늘과 땅
을 증인 삼아 여러분에게 장담하건대, 여러분은 요단 강을
건너가 차지할 그 땅에서 쫓겨나고 말 것입니다. 정말입니
다. 여러분이 그 땅에서 머무는 기간이 극히 짧을 것입니다.
여러분은 완전히 멸망할 것입니다. **하나님**께서 여러분을 멀
리 사방으로 흩어 버리실 것입니다. **하나님**께서 여러분을
쫓아 보내실 민족들 가운데서도 살아남을 사람이 얼마 되지
않을 것입니다. 여러분은 거기서 사람이 나무나 돌로 만든
이상한 신들, 곧 보지도 못하고 듣지도 못하고 먹지도 못하
고 냄새도 맡지 못하는 신들을 마음껏 섬기게 될 것입니다.

29-31 그러나 여러분이 거기서도 **하나님** 여러분의 하나님을
찾으면, 진정으로 그분을 찾고 마음과 뜻을 다해 그분을 찾
으면, 그분을 만나게 될 것입니다. 장차 여러분이 환난을 당
하고 이 모든 끔찍한 일이 여러분에게 일어나면, 그제야 여
러분은 **하나님** 여러분의 하나님께로 돌아가, 그분이 하시는
말씀을 순종하는 마음으로 듣게 될 것입니다. **하나님** 여러
분의 하나님은 무엇보다 자비로운 하나님이십니다. 그분은

여러분을 버리지도 멸하지도 않으실 것이며, 여러분의 조상
에게 지키겠다고 맹세하신 언약을 잊지도 않으실 것입니다.
32-33 물어보십시오. 여러분이 태어나기 전 그 오랜 세월 동
안 무슨 일이 있었는지 알아보십시오. 하나님께서 이 땅에
남자와 여자를 창조하신 날부터 지금까지, 동쪽 지평선에서
서쪽 지평선에 이르기까지, 여러분이 상상할 수 있는 가장
먼 옛날에 이르기까지, 여러분이 상상할 수 있는 가장 먼 곳
에 이르기까지, 이처럼 큰 일이 일어난 적이 있습니까? 누
가 이와 같은 일을 들어 본 적이 있습니까? 불 가운데서 말
씀하시는 신의 음성을 듣고도 여러분처럼 살아남아서 그 이
야기를 전한 백성이 있습니까?
34 **하나님** 여러분의 하나님께서 이집트에서 여러분이 지켜
보는 앞에서 여러분을 위해 행하신 것처럼, 온갖 시험과 이
적과 전쟁을 통해, 강한 손과 펴신 팔과 두렵고 어마어마한
광경으로, 한 민족을 다른 민족 가운데서 이끌어 내려고 그
토록 애쓴 신이 있습니까?
35-38 이 모든 것을 여러분에게 보여주신 것은, **하나님**만이
하나님이시며 그분만이 유일한 하나님이시라는 것을 여러
분이 알게 하시려는 것입니다. 하나님은 정말로 그런 분이
십니다. **하나님**께서는 여러분을 가르치시려고 하늘로부터
그분의 음성을 여러분에게 들려주셨습니다. 땅에서는 큰 불
을 여러분에게 보여주셔서, 여러분이 다시 한번 그분의 말
씀, 곧 불 가운데서 들려오는 그분의 말씀을 듣게 하셨습니

다. **하나님**께서는 여러분의 조상을 사랑하셨고, 그래서 그들의 자손과 함께 일하기로 작정하셨습니다. 그분께서는 친히 강한 능력으로 여러분을 이집트에서 이끌어 내시고, 여러분보다 크고 강하고 오래된 여러 민족들을 쫓아내셨습니다. 그분께서는 여러분을 이끌어 내셔서, 그 민족들의 땅을 여러분에게 유산으로 넘겨주셨습니다. 그 일이 지금, 바로 오늘 일어나고 있습니다.

39-40 오늘 여러분은, **하나님**께서 위로는 하늘에 계시고 아래로는 땅에 계시며, 그분만이 오직 한분 하나님이신 것을 제대로 알고 마음에 새기십시오. 내가 오늘 여러분에게 전하는 그분의 규례와 계명을 지키며 사십시오. 그러면 여러분이 잘 살고, 여러분의 자손도 여러분의 뒤를 이어 잘 살 것입니다. 여러분은 **하나님** 여러분의 하나님께서 여러분에게 주시는 땅에서 오래도록 살게 될 것입니다.

41-42 그때에 모세는 요단 강 동쪽 지역에 성읍 세 개를 따로 구별하고, 뜻하지 않게 사람을 죽인 자가 그곳으로 피신하여 목숨을 건질 수 있게 했다. 원한을 품은 일 없이 뜻하지 않게 살인한 자는, 이 성읍들 가운데 한 곳으로 피신하여 목숨을 건질 수 있었다.

43 그 세 성읍은 르우벤 지파가 차지한 고원 지대 광야의 베셀, 갓 지파가 차지한 길르앗의 라못, 므낫세 지파가 차지한

바산의 골란이다.

모세가 모압 평야에서 전한 두 번째 설교

⁴⁴⁻⁴⁹ 다음은 모세가 이스라엘 백성에게 전한 계시의 말씀이다. 이것은 이스라엘 백성이 이집트를 나와 요단 강 동쪽 벳브올 맞은편 골짜기에 도착한 뒤에, 모세가 이스라엘 백성에게 전한 증언과 규례와 법도다. 그곳은 헤스본에서 다스리던 아모리 왕 시혼의 땅이었다. 모세와 이스라엘 백성은 이집트를 떠난 뒤에 그를 쳐서 물리치고 그 땅을 차지했다. 또한 그들은 바산 왕 옥의 땅도 차지했다. 두 아모리 왕이 차지하고 있던 요단 강 동쪽 지역의 땅은, 아르논 시내 근처에 있는 아로엘에서부터 북쪽으로는 헤르몬 산으로 알려진 시온 산까지, 요단 강 동쪽의 아라바 전역, 남쪽으로는 비스가 산 기슭 아래 아라바 바다(사해)까지였다.

십계명

5 ¹ 모세가 온 이스라엘을 불러 모아, 그들에게 말했다. 이스라엘 여러분, 주목하십시오. 내가 오늘 여러분의 들을 줄 아는 귀에 대고 전하는 규례와 법도를, 순종하는 마음으로 들으십시오. 이것들을 익히고, 그대로 사십시오.

²⁻⁵ **하나님** 우리 하나님께서는 호렙에서 우리와 언약을 맺으셨습니다. **하나님**께서는 이 언약을 우리 조상하고만 맺으신 것이 아니라, 오늘 이렇게 살아 있는 우리 모두와도 맺으셨

습니다. **하나님**께서는 그 산 불 가운데서 여러분에게 직접 말씀하셨습니다. 그때 나는 **하나님**과 여러분 사이에 서서, **하나님**께서 하시는 말씀을 여러분에게 전해 주었습니다. 기억하시겠지만, 여러분이 그 불을 두려워하여 산에 올라가려고 하지 않았기 때문입니다. **하나님**께서 말씀하셨습니다.

6 "나는 너희를 이집트 땅,
종살이하던 집에서 이끌어 낸
하나님 너희 하나님이다.

7 나 외에, 다른 신을 섬기지 마라.
8-10 날아다니는 것이나 걸어 다니는 것이나 헤엄쳐 다니는 것이나, 크기와 모양과 형상이 어떠하든지, 신상들을 새겨 만들지 마라. 그것들에게 절하거나 그것들을 섬기지 마라. 나는 **하나님**, 너희 하나님이며, 몹시도 질투하는 하나님이다. 나는 부모의 죄를 자녀들에게 넘겨줄 뿐 아니라, 삼사 대 자손에 이르기까지 그 죄값을 치르게 할 것이다. 그러나 나를 사랑하고 내 계명을 지키는 사람에게는, 내가 천 대에 이르기까지 한결같은 사랑을 베푼다.
11 **하나님** 너희 하나님의 이름을, 저주하거나 실없이 농담을 하는 데 사용하지 마라. 나 **하나님**은, 그 이름을 경건하지 못한 일에 사용하는 것을 참지 않을 것이다.
12-15 안식일에는 일하지 마라. **하나님** 너희 하나님이 너희에

게 명령한 대로 안식일을 거룩하게 지켜라. 육 일 동안 일하면서 네 할 일을 다 하여라. 그러나 일곱째 날은 안식일, 곧 휴식의 날이니, 아무 일도 하지 마라. 너희와 너희 아들딸, 너희 남종과 여종, 너희 소와 나귀(너희 소유의 짐짐승), 심지어 너희 마을을 방문한 손님도 일을 해서는 안된다. 그래야 너희 남종과 여종들도 너희와 똑같이 쉴 수 있을 것이다. 너희가 이집트에서 종으로 살았고, **하나님** 너희 하나님이 강한 능력을 나타내어 너희를 그곳에서 이끌어 내었음을 잊지 마라. **하나님** 너희 하나님이 너희에게 안식의 날을 지키라고 명령하는 것은 그 때문이다.

16 너희 부모를 공경하여라. 이는 **하나님** 너희 하나님의 명령이다! 그러면 너희가 오래도록 살고, 하나님이 너희에게 주는 땅에서 너희가 잘 될 것이다.

17 살인하지 마라.

18 간음하지 마라.

19 도둑질하지 마라.

20 너희 이웃에 대해 거짓말하지 마라.

21 너희 이웃의 아내를 탐내지 마라. 이웃의 집이나 밭, 남종이나 여종, 소나 나귀나 그 무엇이든, 너희 이웃의 소유는 어떤 것도 탐내지 마라!"

22 이것이 **하나님**께서 산에서 온 회중에게 선포하신 말씀입니다. 그분께서는 불과 구름과 짙은 안개 가운데서 큰 음성

으로 말씀하셨습니다. 그 말씀이 전부였고, 한 마디도 더하지 않으셨습니다. 그러고는 그것을 두 돌판에 써서 내게 주셨습니다.

23-24 여러분이 짙은 구름 가운데서 들려오는 그 음성을 듣고 산이 불타는 것을 보고 나서야, 여러분 각 지파의 우두머리와 지도자들이 내게 다가와서 말했습니다.

24-26 "우리 **하나님**께서 우리에게 그분의 영광과 위엄을 드러내 보이셨습니다. 오늘 우리는 그분께서 불 가운데서 하시는 말씀을 들었습니다! 하나님께서 사람들에게 말씀하시는데도 그들이 여전히 살아 있는 것을 우리가 똑똑히 보았습니다. 하지만 어찌 더 모험을 하겠습니까? 우리가 더 머물다가는 이 큰 불이 우리를 삼키고 말 것입니다. 우리가 **하나님**의 음성을 더 듣다가는 틀림없이 죽고 말 것입니다. 이제까지, 우리처럼 **하나님**의 음성을 듣고도 살아남아서 이야기를 전한 사람이 있었습니까?

27 이제부터는 당신이 가서 **하나님** 우리 하나님께서 하시는 말씀을 듣고, **하나님**께서 당신에게 일러 주시는 말씀을 우리에게 전해 주십시오. 그러면 우리가 듣고 그대로 행하겠습니다."

28-29 **하나님**께서는 여러분이 내게 하는 말을 들으시고 내게 말씀하셨습니다. "이 백성이 네게 하는 말을 내가 들었다. 그들의 말이 참으로 옳다. 그들이 언제나 이런 마음으로 나를 경외하고 나의 모든 계명을 지키면, 내가 무엇인들 주지

않겠느냐? 그렇게 하기만 하면, 그들과 그 자손이 영원토록 잘 살 것이다!

30-31 가서 그들에게 자기 장막으로 돌아가라고 말하여라. 그러나 너는 여기에 나와 함께 머물러 있어라. 그들에게 가르쳐야 할 모든 계명과 규례와 법도를 내가 네게 일러 주겠다. 그러면 그들은 내가 그들에게 주어 소유하게 할 땅에서 어떻게 살아야 하는지 알게 될 것이다."

32-33 그러니 여러분은 정신을 바짝 차려서, **하나님**께서 여러분에게 명령하시는 그대로 행하십시오. 오른쪽으로나 왼쪽으로나 벗어나지 마십시오. **하나님**께서 명령하시는 길을 곧장 따라가십시오. 그러면 여러분이 차지할 땅에서 여러분이 잘 살고, 오래도록 살 것입니다.

여러분의 하나님을 전심으로 사랑하십시오

6 1-2 이것은 **하나님** 여러분의 하나님께서 여러분에게 가르치라고 내게 명령하신 계명과 규례와 법도입니다. 여러분이 건너가 차지할 땅에서 이것을 지켜 행하십시오. 이것은 여러분과 여러분의 자녀와 손자손녀가 평생토록 **하나님**을 깊이 경외하며 살고, 내가 여러분에게 명령하는 그분의 규례와 법도를 지켜, 오래도록 잘 살게 하려는 것입니다.

3 이스라엘 여러분, 잘 들으십시오. 이 말을 듣고 그대로 행하십시오. 그러면 **하나님**께서 약속하신 대로, 젖과 꿀이 흐

르는 땅에서 여러분이 잘 살고, 풍요로운 삶을 얻게 될 것입니다.

⁴ 이스라엘 여러분, 주목하십시오!

하나님 우리 하나님! 그분은 오직 한분 **하나님**이십니다!

⁵ 여러분은 **하나님**을, 여러분의 하나님을 전심으로 사랑하십시오. 여러분의 전부를 다해, 여러분이 가진 전부를 다 드려, 그분을 사랑하십시오.

⁶⁻⁹ 오늘 내가 여러분에게 전한 이 계명을 여러분 마음에 새기십시오. 이 계명이 여러분 마음에서 떠나지 않게 하고, 여러분 자녀의 마음에서 떠나지 않게 하십시오. 집에 앉아 있을 때나 길을 걸을 때나 어디에 있든지, 이 계명에 관해 이야기하십시오. 아침에 일어나는 순간부터 밤에 잠자리에 드는 순간까지, 이 계명에 관해 이야기하십시오. 이 계명을 여러분의 손과 이마에 매어 표로 삼으십시오. 여러분의 집 양쪽 문기둥과 성문에도 새겨 놓으십시오.

¹⁰⁻¹² **하나님** 여러분의 하나님께서 여러분의 조상 아브라함과 이삭과 야곱을 통해 여러분에게 주기로 약속하신 땅에 여러분을 이끌어 들이시면, 여러분은 여러분이 세우지 않은 크고 번화한 성읍들, 여러분이 구입하지 않은 좋은 가구가 즐비한 집들로 들어가, 여러분이 파지 않은 우물과 여러분이 심지 않은 포도밭과 올리브밭을 만나게 될 것입니다. 여러분이 그 모든 것을 차지하고 그곳에 정착하여 기쁨과 만

족을 얻게 되거든, 여러분이 어떻게 그곳에 이르게 되었는
지를 잊지 마십시오. 여러분을 이집트 종살이에서 이끌어
내신 분은 **하나님**이십니다.

¹³⁻¹⁹ **하나님** 여러분의 하나님을 깊이 경외하십시오. 그분만
을 섬기고 오직 그분만을 예배하십시오. 그분의 이름으로
만 맹세하십시오. 여러분 가운데 살고 계신 **하나님** 여러분
의 하나님은 질투하는 하나님이시니, 다른 신들, 곧 이웃 백
성이 섬기는 신들과 어울리지 마십시오. 그분을 노하게 하
여, 활활 타오르는 그분의 진노가 여러분을 지면에서 싹 태
워 버리는 일이 없게 하십시오. 전에 여러분이 맛사에서 하
나님을 시험했던 것처럼, **하나님** 여러분의 하나님을 시험하
지 마십시오. **하나님** 여러분의 하나님의 명령을 잘 지키고,
그분께서 여러분에게 주신 의무와 법도를 모두 지키십시오.
옳은 일을 하십시오. **하나님** 보시기에 선한 일을 행하십시
오. 그러면 여러분이 잘 살게 되고, **하나님**께서 여러분의 조
상을 통해 엄숙히 약속하신 저 아름다운 땅에 당당히 들어
가 그 땅을 차지하며, **하나님**께서 말씀하신 대로 여러분의
원수들을 사방으로 쫓아낼 수 있을 것입니다.

²⁰⁻²⁴ 장차 여러분의 자녀가 "**하나님** 우리 하나님께서 명령하
신 이 의무와 법도와 규례는 무슨 뜻입니까?" 하고 묻거든,
여러분은 그들에게 이렇게 일러 주십시오. "우리가 이집트
에서 바로의 종이었으나, **하나님**께서 강한 능력으로 직접
나서서 우리를 그 땅에서 이끌어 내셨다. **하나님**께서 이집

트, 곧 바로와 그의 집안에 기적-표징과 큰 이적과 끔찍한 재앙을 내리실 때, 우리가 그곳에 서서 똑똑히 보았다. **하나님**께서 우리를 그곳에서 이끌어 내신 것은, 우리를 이곳으로 데려오셔서 우리 조상에게 엄숙히 약속하신 땅을 우리에게 주시려는 것이었다. **하나님**께서 우리에게 이 모든 규례를 따르라고 명령하신 것은 그 때문이다. 이는 우리가 **하나님** 우리 하나님 앞에서 경건하게 살게 하셔서, 오늘 이처럼 우리를 잘 살게 하시고 오래도록 살게 해주시려는 것이다. [25] **하나님** 우리 하나님께서 명령하신 대로 우리가 그분 앞에서 이 모든 계명을 지켜 행하면, 이것이야말로 하나님 앞에 바로 세워진 온전한 삶이 될 것이다."

하나님께서 이스라엘을 택하신 이유

7 [1-2] **하나님** 여러분의 하나님께서, 여러분이 들어가 차지하려고 하는 땅으로 여러분을 데려가신 뒤에, 그곳에 자리 잡고 살던 막강한 민족들, 곧 헷 사람, 기르가스 사람, 아모리 사람, 가나안 사람, 브리스 사람, 히위 사람, 여부스 사람을 여러분 앞에서 몰아내실 것입니다. 그 일곱 민족은 모두 여러분보다 수가 많고 강한 민족입니다. **하나님** 여러분의 하나님께서 그들을 여러분 손에 넘겨주실 것이니, 여러분은 그들을 쳐부수어야 합니다. 여러분은 그들을 완전히 멸해서, 그들을 거룩한 진멸의 제물로 **하나님**께 드려야 합니다.

그들과 조약을 맺지 마십시오.

어떤 경우에도 그들을 풀어 주지 마십시오.

3-4 그들과 결혼하지 마십시오. 여러분의 딸을 그들의 아들에게 주지도 말고, 그들의 딸을 여러분의 아들에게 데려오지도 마십시오. 그렇게 하다가는 여러분이 미처 눈치채기도 전에, 그들이 자기 신들을 숭배하는 일에 여러분을 끌어들이고 말 것입니다. 그러면 **하나님**께서 진노하셔서, 순식간에 여러분을 멸하실 것입니다.

5 여러분은 이렇게 해야 합니다.

  그들의 제단을 하나씩 허물고

  남근 모양의 기둥들을 깨부수고

  섹스와 종교를 결합한 아세라 목상들을 찍어 버리고

  그들이 조각한 신상들을 불사르십시오.

6 여러분은 **하나님** 여러분의 하나님 앞에 거룩하게 구별된 백성이니, 그렇게 해야 합니다. **하나님** 여러분의 하나님께서 땅에 있는 모든 백성 가운데서 여러분을 친히 택하시고, 그분의 소중한 보배로 삼으셨습니다.

7-10 **하나님**께서 여러분에게 마음이 끌리시고 여러분을 택하신 것은, 여러분이 수가 많고 유력해서가 아니었습니다. 사실, 여러분에게는 이렇다 할 것이 없었습니다. 그분께서는 순전한 사랑 때문에, 그리고 여러분의 조상에게 하신 약속

을 지키시려고 그렇게 하신 것입니다. **하나님**께서 크신 능력으로 직접 나서서 저 종살이하던 세계에서 여러분을 되사시고, 이집트 왕 바로의 강철 같은 손에서 여러분을 해방시켜 주신 것입니다. 그러니 여러분은, **하나님** 여러분의 하나님만이 참 하나님이시며 여러분이 의지해야 할 하나님이시라는 것을 알아야 합니다. **하나님**께서는 그분을 사랑하고 그분의 계명을 지키는 사람들과 맺은 신실한 사랑의 언약을 천 대에 이르기까지 지키십니다. 그러나 그분을 미워하는 자들에게는 벌을 내려 죽게 하십니다. **하나님**께서는 그런 자들에게 지체 없이 되갚아 주십니다. **하나님**께서는 그분을 미워하는 자들을 즉시 벌하십니다.

¹¹ 그러니 내가 오늘 여러분에게 명령하는 계명과 규례와 법도를 지키십시오. 그대로 행하십시오.

¹²⁻¹³ 그러면 장차 이런 일이 일어날 것입니다. 여러분이 이 명령을 따라 잘 지켜 행하면, **하나님**께서도 여러분의 조상과 맺은 신실한 사랑의 언약을 지키실 것입니다.

> **하나님**께서 여러분을 사랑하시고
> 여러분에게 복을 내리시며
> 여러분의 수를 늘려 주실 것입니다.

¹³⁻¹⁵ 또 여러분에게 주시겠다고 여러분의 조상에게 약속하신 땅에서, 여러분의 태에서 태어난 젖먹이와 여러분의 밭

에서 난 곡식 수확물과 포도주와 기름에 복을 내리시고, 여러분의 소 떼에서 태어난 송아지와 양 떼에서 태어난 어린 양에게도 복을 내려 주실 것입니다. 여러분은 다른 모든 민족보다 더 큰 복을 받아서, 여러분 가운데서 아이를 낳지 못하는 사람이 없고, 여러분의 가축 가운데서 새끼를 낳지 못하는 짐승이 없을 것입니다. 하나님께서 온갖 질병을 없애 주실 것입니다. 그분께서는 여러분이 이집트에서 경험한 온갖 나쁜 질병에 걸리지 않게 하시고, 여러분을 미워하는 자들에게 그러한 병이 걸리게 하실 것입니다.

16 여러분은 **하나님** 여러분의 하나님께서 여러분에게 넘겨주시는 모든 민족을 완전히 쳐부수어야 합니다. 그들을 불쌍히 여기지 말고, 그들의 신들을 숭배하지 마십시오. 그렇게 했다가는 그것들이 여러분에게 덫이 되고 말 것입니다.

17-19 여러분은 속으로 "이 민족들이 우리보다 열 배는 많은 것 같다! 우리는 그들에게 아무런 충격도 주지 못할 것이다!" 하고 생각할 것입니다. 그러나 내가 분명히 말하건대, 두려워하지 마십시오. **하나님** 여러분의 하나님께서 바로와 온 이집트에 행하신 일을 낱낱이 기억하고 또 기억하십시오. 여러분이 직접 목격한 그 위대한 싸움들을 기억하십시오. 하나님께서 팔을 뻗어 여러분을 그곳에서 이끌어 내실 때에 보여주신 기적-표징과 이적과 그분의 강한 손을 기억하십시오. **하나님** 여러분의 하나님께서는, 지금 여러분이 두려워하고 있는 저 민족들에게도 그와 똑같이 행하실 것입

니다.

²⁰ 그뿐 아니라, 말벌까지 보내실 것입니다. **하나님**께서 그들에게 말벌을 풀어 놓으셔서, 여러분의 눈을 피해 살아남은 자들까지 모조리 죽이실 것입니다.

²¹⁻²⁴ 그러니 그들을 겁내지 마십시오. **하나님** 여러분의 하나님, 위대하고 두려우신 **하나님**께서 여러분 가운데 계십니다. **하나님** 여러분의 하나님께서 저 민족들을 서서히 쫓아내실 것입니다. 여러분은 저들을 단번에 쓸어버리지는 못할 것입니다. 그렇게 했다가는 들짐승들이 그 땅을 차지하고서 여러분을 덮칠지도 모릅니다. **하나님** 여러분의 하나님께서는 그들을 여러분의 길에서 몰아내시고 그들을 큰 공포에 빠지게 하셔서, 그들 가운데 살아남은 자가 하나도 없게 하실 것입니다. 그분께서 그들의 왕들을 여러분 손에 넘겨주실 것이니, 여러분은 그들의 흔적을 하늘 아래서 모조리 없애 버릴 것입니다. 단 한 사람도 여러분과 맞서지 못할 것이며, 여러분은 그들을 모조리 죽일 것입니다.

²⁵⁻²⁶ 여러분은 반드시 그들이 조각한 신상들을 불살라 버리십시오. 그 신상들에 입힌 은이나 금을 탐내어 여러분의 것으로 취하지 마십시오. 그것 때문에 여러분은 덫에 걸리고 말 것입니다. 그런 짓은, **하나님** 여러분의 하나님께서 몹시 싫어하시는 역겨운 행동입니다. 여러분은 그 역겨운 것은 하나라도 집에 들이지 마십시오. 그렇게 했다가는 여러분도 그 역겨운 것처럼 끝장나고 말 것입니다. 거룩한 진멸의 제

물로 불살라지고 말 것입니다. 그것은 금지된 물건입니다!
그러니 그것을 혐오하고 역겨운 것으로 여기십시오. 그것을
없애 버려서, **하나님**의 거룩하심을 지키십시오.

여러분의 하나님을 잊지 마십시오

8 ¹⁻⁵ 여러분은 오늘 내가 여러분에게 명령하는 모든
계명을 지켜 행하십시오. 그러면 여러분이 살고 번
성할 것이며, **하나님**께서 여러분의 조상에게 약속하신 땅에
들어가 그 땅을 차지할 것입니다. **하나님**께서 지난 사십 년
동안 광야에서 여러분을 인도하신 모든 여정을 기억하십시
오. 그렇게 여러분을 극한까지 몰아붙여 시험하신 것은, 여
러분의 마음이 어떠한지, 여러분이 그분의 계명을 지키는
지 지키지 않는지 알아보시려는 것이었습니다. 그분께서는
여러분에게 힘든 시기를 겪게 하시고, 여러분을 굶주리게도
하셨습니다. 그러고는 여러분도 모르고 여러분의 조상도 몰
랐던 만나로 여러분을 먹여 주셨습니다. 이는 사람이 빵으
로만 사는 것이 아니라 **하나님**의 입에서 나오는 모든 말씀
으로 산다는 것을 여러분이 알게 하시려는 것입니다. 그 사
십 년 동안 여러분의 옷이 해어진 적이 없고, 여러분의 발이
부르튼 적이 없습니다. 여러분은 아버지가 자기 자녀를 훈
련시키듯이, **하나님**께서 여러분을 훈련시키신다는 것을 마
음 깊이 배웠습니다.

⁶⁻⁹ **하나님** 여러분의 하나님의 계명을 지키고 그분께서 보여

주시는 길을 따라 걸으며 그분을 경외하는 것이야말로 가장 중요한 일입니다. 이제 곧 **하나님**께서 여러분을 아름다운 땅으로 데려가실 것입니다. 그곳은 시내와 강이 흐르고, 샘과 호수가 있고, 산에서 물이 흘러내려 골짜기로 흐르는 땅입니다. 그곳은 밀과 보리, 포도주와 무화과와 석류, 올리브와 기름과 꿀이 나는 땅입니다. 그곳에서 여러분은 절대로 굶주리지 않을 것입니다. 식탁에는 음식이 끊이지 않을 것이며, 여러분이 거할 보금자리도 마련될 것입니다. 그 땅에서 여러분은 바위에서 쇠를 얻고, 산에서는 구리를 캐내게 될 것입니다.

¹⁰ 여러분은 배불리 먹고 나서, 그 아름다운 땅을 여러분에게 주신 **하나님** 여러분의 하나님을 찬양하십시오.

¹¹⁻¹⁶ **하나님** 여러분의 하나님을 잊지 않겠다고 다짐하십시오. 내가 오늘 여러분에게 명령하는 그분의 계명과 규례와 법도를 어기는 일이 없게 하십시오. 여러분이 배불리 먹고, 좋은 집을 지어 거기서 살고, 여러분의 소 떼와 양 떼가 늘어나 돈이 더 많아지고, 여러분의 생활수준이 점점 높아질 때, 행여 여러분의 마음이 여러분 자신과 여러분의 재산으로 가득 차서, **하나님** 여러분의 하나님을 잊는 일이 없게 하십시오.

그분은 여러분을 이집트의 종살이에서 구해 내신 하나님, 여러분을 이끌고 저 막막하고 무시무시한 광야,

불뱀과 전갈이 다니는 황량하고 메마른 불모지를 지나게
하신 하나님,
단단한 바위에서 솟아나는 물을 주신 하나님,
여러분의 조상이 들어 보지 못한 만나로
광야에서 여러분을 먹이신 하나님이십니다.
이는 여러분에게 고된 삶을 맛보게 하시고 여러분을 시험
하셔서
장차 여러분이 잘 살 수 있도록 준비시키시려는 것이었습
니다.

17-18 여러분이 마음속으로 "이 모든 것은 다 내가 이룬 것이
다. 나 혼자서 이루었어. 나는 부자다. 모두 다 내 것이다!"
하고 생각한다면, 생각을 고쳐먹으십시오. 기억하십시오.
하나님 여러분의 하나님께서는, 오늘 이처럼 여러분의 조상
에게 맹세하신 언약을 이루시려고, 여러분에게 이 모든 부
를 일구어 낼 힘을 주신 것입니다.
19-20 여러분이 **하나님** 여러분의 하나님을 잊고, 다른 신들과
어울려 그 신들을 섬기고 숭배하면, 분명히 경고하건대, 여
러분은 그 일로 멸망하고 말 것입니다. 곧 파멸입니다. 여러
분이 **하나님** 여러분의 하나님의 음성에 순종하지 않으면,
하나님께서 여러분 앞에서 멸망시키신 민족들처럼 여러분
도 멸망하고 말 것입니다.

이스라엘 백성의 반역

9 ¹⁻² 이스라엘 여러분, 주목하십시오!
여러분은 저 땅에 들어가 여러분보다 수가 많고 강한
민족들을 쫓아내려고, 바로 오늘 요단 강을 건널 것입니다.
이제 여러분은 하늘에 닿을 만큼 높이 솟은 성벽으로 둘러
싸인 큰 성읍들과 몸집이 대단히 큰 사람들, 곧 아낙 자손을
만나게 될 것입니다. 여러분은 그들에 대한 소문을 들었고,
"아무도 아낙 자손과 맞설 수 없다"는 말까지 들었습니다.

³ 여러분은 오늘 이것을 알아 두십시오. **하나님** 여러분의 하
나님께서는 여러분보다 앞서 강을 건너가실 것입니다. 그분
은 태워 버리는 불이십니다. 그분께서 그 민족들을 멸하셔
서, 여러분의 힘 아래 굴복시키실 것입니다. **하나님**께서 여
러분에게 약속하신 대로, 여러분은 그들을 쫓아내고, 속히
그들을 멸망시킬 것입니다.

⁴⁻⁵ **하나님**께서 그들을 여러분 앞에서 몰아내시거든, "**하나**
님께서 우리를 이곳으로 이끌고 오셔서 저 민족들을 쫓아내
게 하신 것은 내가 행한 모든 착한 행실 때문이다" 하고 생
각하지 마십시오. 사실 그것은 저 민족들이 악을 저질렀기
때문입니다. 여러분이 여기까지 온 것은 여러분이 행한 착
한 행실 때문도 아니고, 여러분이 쌓아 올린 고상한 행위 때
문도 아닙니다. **하나님** 여러분의 하나님께서 저 민족들을
여러분 앞에서 쫓아내시려는 이유는, 그들이 몹시도 사악하
기 때문입니다. 또한 그것은 여러분의 조상, 곧 아브라함과

이삭과 야곱에게 하신 약속을 지키시려는 것입니다.

6-10 이것을 기억하고 절대 잊지 마십시오. **하나님**께서 저 아름다운 땅을 차지하라고 여러분에게 주시는 것은, 여러분이 선을 행해서가 아닙니다. 전혀 아닙니다! 여러분은 고집 센 백성일 뿐입니다. 여러분이 광야에서 **하나님** 여러분의 하나님을 얼마나 노엽게 했는지, 절대로 잊지 말고 기억하십시오. 여러분은 이집트를 떠나던 날부터 이곳에 이를 때까지 **하나님**께 반항하고 대들었습니다. 줄곧 반역을 일삼았습니다. 호렙에서 여러분은, **하나님**께서 여러분을 멸하려고 하셨을 만큼 그분을 노엽게 했습니다. 내가 돌판, 곧 **하나님**께서 여러분과 맺으신 언약의 돌판을 받으려고 그 산에 올라갔을 때, 나는 밤낮으로 사십 일을 그곳에 머물면서, 음식도 먹지 않고 물도 마시지 않았습니다. 그때 **하나님**께서 손수 새기신 돌판 두 개를 내게 주셨습니다. 거기에는 여러분이 모두 모였을 때, **하나님**께서 그 산 불 가운데서 여러분에게 하신 모든 말씀이 글자 그대로 기록되어 있었습니다.

11-12 밤낮으로 사십 일이 지난 뒤에 **하나님**께서 내게 두 돌판, 곧 언약의 돌판을 주셨습니다. 그리고 내게 말씀하셨습니다. "어서 가거라. 네가 이집트에서 이끌어 낸 네 백성이 모든 것을 파멸시키고 있으니, 빨리 내려가거라. 그들이, 내가 그들을 위해 펼쳐 놓은 길을 순식간에 버리고 떠나서, 자기들을 위해 신상을 부어 만들었다."

13-14 **하나님**께서 말씀하셨습니다. "내가 이 백성을 보니, 목

이 뻣뻣하고 마음이 굳은 반역자들이다. 나를 막지 마라. 내가 저들을 멸망시키겠다. 내가 저들을 지상에서 완전히 쓸어버리겠다. 그러고 나서 너와 새롭게 시작하여, 너를 저들보다 낫고 저들보다 큰 민족으로 만들겠다.”

15-17 내가 언약 돌판을 두 손에 들고 돌아서서 그 산을 내려오는데, 그 산은 이미 불타고 있었습니다. 내가 보니, 여러분이 **하나님** 여러분의 하나님께 죄를 짓고 있었습니다. 여러분이 직접 송아지 모양의 신상을 부어 만들었던 것입니다! **하나님**께서 걸어가라고 명령하신 길에서 여러분은 너무 빨리 떠나갔습니다. 나는 두 돌판을 높이 들었다가 내던져, 그것을 여러분이 지켜보는 앞에서 산산조각 내 버렸습니다.

18-20 그런 다음 나는 전과 같이 밤낮으로 사십 일을 **하나님** 앞에 엎드려, 음식도 먹지 않고 물도 마시지 않았습니다. 내가 그렇게 한 것은, 여러분과 여러분이 저지른 모든 죄 때문이었습니다. 여러분이 **하나님**을 거슬러 죄를 짓고, **하나님** 보시기에 악한 일을 저질러 그분을 노엽게 했기 때문이었습니다. 나는 **하나님**의 진노, 활활 타오르는 그분의 진노가 두려웠습니다. 그분께서 여러분을 멸망시키려고 하신다는 생각이 들었습니다. 그러나 **하나님**께서 다시 한번 내 말을 들어주셨습니다. 그분께서 아론에게도 진노하셔서, 그를 멸하려 하셨습니다. 그때에 나는 아론을 위해서도 기도했습니다. 21 나는 여러분이 만든 죄악된 물건, 곧 송아지 신상을 가져

다가 불 속에 넣어 태운 다음, 고운 가루가 될 때까지 부수고 빻아서, 산에서 흘러 내려오는 시냇물에 뿌렸습니다.

22 여러분은 우리가 진을 쳤던 다베라(불사름), 맛사(시험한 곳), 기브롯핫다아와(탐욕의 무덤)에서도 그랬습니다. 여러분은 **하나님**을 진노케 한 경우가 많았습니다.

23-24 최근에도 **하나님**께서는 가데스바네아에서 여러분을 보내시며, "가서, 내가 너희에게 주는 땅을 차지하여라" 하고 명령하셨습니다. 그때 여러분은 어떻게 했습니까? **하나님**을 거역했습니다. **하나님** 여러분의 하나님께서 내리신 분명한 명령을 거스르고 그분을 신뢰하지 않았습니다. 그분의 말씀에 순종하려 하지 않았습니다. 내가 여러분을 알게 된 날부터 지금까지, 여러분은 줄곧 **하나님**을 거역하는 반역자로 살아왔습니다.

25-26 **하나님**께서 여러분을 멸하시겠다고 말씀하실 때에 나는 밤낮으로 사십 일을 **하나님** 앞에 엎드려, 여러분을 위해 **하나님**께 기도했습니다. "나의 주 **하나님**, 주의 관대하심으로 속량하시고, 그 크신 능력으로 이집트에서 이끌어 내신 당신의 백성, 당신의 소유를 멸하지 말아 주십시오.

27-28 주의 종 아브라함과 이삭과 야곱을 기억하셔서, 이 백성의 완악함과 악과 죄를, 너무 심각하게 여기지 말아 주십시오. 그렇게 하지 않으시면, 주께서 저들을 구해 내신 이집트 땅의 사람들이 '**하나님**도 어쩔 수 없군. 그가 지쳐서, 자신이 약속한 땅으로 그들을 데리고 가지 못하는 거야. 그들

을 미워해서, 결국 그들을 광야에 죽게 내버려 두는구나' 하
고 말할 것입니다.

²⁹ 그들은 주께서 친히 강한 능력으로 구해 내신 주의 백성,
주의 소유입니다."

십계명을 다시 받다

10 ¹⁻² 그러자 **하나님**께서 이렇게 대답하셨습니다.
"너는 돌판 두 개를 처음 것과 같이 만들어서, 산
으로 가지고 올라와 나를 만나라. 또 나무로 궤를 하나 만들
어라. 처음 돌판, 곧 네가 깨뜨려 버린 돌판에 있던 말을 내
가 그 돌판에 새겨 줄 테니, 너는 그것을 그 궤에 넣어라."
³⁻⁵ 그래서 나는 아카시아나무로 궤를 만들고, 처음 것과 같
이 돌판 두 개를 만들어 양손에 들고 산으로 올라갔습니다.
하나님께서는 총회 날에 그 산 불 가운데서 여러분에게 말
씀하신 십계명을, 처음 돌판에 쓰셨던 것처럼 그 돌판에 새
겨 내게 주셨습니다. 나는 돌아서서 산을 내려왔습니다. 그
러고는 **하나님**께서 명령하신 대로, 내가 만든 궤 안에 그 두
돌판을 넣었습니다. 두 돌판은 그 후로 지금까지 그 궤 안에
있습니다.

⁶⁻⁷ 이스라엘 백성은 야아간 사람의 우물을 떠나 모세라로
갔습니다. 거기서 아론이 죽어 묻혔고, 그의 아들 엘르아살

이 뒤를 이어 제사장이 되었습니다. 그들은 그곳을 떠나 굿고다로 갔고, 굿고다를 떠나서는 여러 물줄기가 흐르는 땅 욧바다로 갔습니다.

8-9 그때에 **하나님**께서 레위 지파를 따로 구별하셔서, **하나님**의 언약궤를 나르게 하시고, **하나님** 앞에서 일하게 하시며, 그분을 섬기고 그분의 이름으로 축복하는 일을 하게 하셨습니다. 그들은 지금도 그렇게 하고 있습니다. 그 때문에 레위인에게는 그들의 동족이 유산으로 물려받은 것과 같은 땅이 한 평도 없습니다. **하나님** 여러분의 하나님께서 그들에게 약속하신 대로, **하나님**께서 그들의 유산이 되어 주시기 때문입니다.

10 나는 처음과 같이 산 위에서 밤낮으로 사십 일을 머물렀습니다. 그러자 **하나님**께서 그때처럼 나의 간구를 들어주셨습니다. 여러분을 멸하지 않기로 하신 것입니다.

11 **하나님**께서 내게 말씀하셨습니다. "이제 떠나거라. 백성을 인도하여라. 그들이 다시 길을 떠나, 내가 그들 조상에게 주겠다고 약속한 땅을 차지하게 하여라."

여러분 마음의 굳은살을 베어 내고

12-13 그러니 이스라엘 여러분, **하나님**께서 여러분에게 기대하시는 것이 무엇이겠습니까? 그것은 바로 여러분이 그분 앞에서 거룩하고 경건하게 살고, 그분께서 여러분 앞에 두신 길을 따라 걸으며, 그분을 사랑하고, 마음을 다해 **하나님**

여러분의 하나님을 섬기며, 내가 오늘 여러분에게 명령하는 **하나님**의 계명과 법도를 지키는 것입니다. 이것이야말로 여러분이 잘 사는 길입니다.

14-18 주위를 둘러보십시오. 여러분의 눈에 보이는 모든 것, 곧 하늘과 그 위에 있는 것, 땅과 그 위에 있는 모든 것이 다 **하나님**의 것입니다. 그런데도 **하나님**께서는 여러분의 조상에게 마음을 두시고, 다른 모든 민족 가운데서 그들의 자손인 여러분을 택하셨습니다! 우리가 지금 그 자리에 있습니다. 그러니 여러분은 마음의 굳은살을 베어 내고, 제멋대로 고집부리는 것을 멈추십시오. **하나님** 여러분의 하나님은 모든 신의 하나님이시며, 모든 주의 주이시며, 위대하고 강하고 두려우신 하나님이십니다. 그분께서는 편애하지 않으시고, 뇌물을 받지 않으시며, 고아와 과부가 공평하게 대우 받게 하시고, 외국인이 음식과 옷을 구할 수 있도록 그들을 따뜻하게 보살피는 분이십니다.

19-21 여러분은 낯선 외국인을 보살펴 따뜻하게 대해야 합니다.
기억하십시오. 여러분도 전에는 이집트 땅에서 외국인이었습니다.
하나님 여러분의 하나님을 경외하고, 그분을 섬기며, 그분을 꼭 붙잡고,
여러분의 약속을 그분의 이름으로만 맹세하십시오.

그분은 여러분의 찬양을 받으실, 여러분의 하나님이십니다!
그분은 여러분이 두 눈으로 직접 본 것처럼,
크고 두려운 이 모든 일을 행하신 분이십니다.

²² 여러분의 조상이 이집트에 들어갈 때에는 그 수가 겨우 칠십 명에 지나지 않았습니다. 그러나 이제 보십시오. 여러분의 수가 밤하늘의 별처럼 많지 않습니까? **하나님**께서 그렇게 하신 것입니다.

하나님을 사랑하고 그분의 계명을 지키십시오

11
¹ 그러므로 **하나님** 여러분의 하나님을 사랑하십시오.
여러분이 사는 날 동안 그분의 규례와 법도를 잘 지키고,
그분의 계명을 지키십시오.

²⁻⁷ 오늘 여기에서 가장 중심에 있어야 할 사람은 여러분의 자녀가 아닙니다. 그들은 **하나님**께서 행하신 일을 알지도 못하고, 그분이 행하신 일을 본 적도 없으며, 그분의 징계를 경험하지도 못했고, 그분의 위대하심에 놀란 적도 없기 때문입니다. 또한 그들은, 하나님께서 어떻게 그분의 크신 능력으로 이집트 한가운데서 이집트 왕 바로와 그의 온 땅에 기적-표징과 큰 일을 일으키셨는지, 이집트의 군대와 말과 전차들이 여러분을 뒤쫓아 올 때에 어떻게 그들을 홍해에

수장시키셨는지 알지 못합니다. **하나님**께서 그들을 물에 **빠**
뜨려 죽이셨지만, 여러분은 살아서 오늘 이 자리에 서 있습
니다. 여러분이 이곳에 이르기까지 **하나님**께서 여러분을 광
야에서 어떻게 돌보셨는지, 르우벤의 자손이며 엘리압의 아
들인 다단과 아비람에게 그분께서 어떻게 행하셨는지, 땅이
어떻게 입을 벌려 이스라엘 가운데서 그들과 그 가족과 그
들의 장막과 주위의 모든 것을 삼켜 버렸는지를 아는 사람
도 여러분의 자녀가 아닙니다. 그렇습니다. **하나님**께서 행
하신 이 모든 크고 위대한 일을 두 눈으로 본 사람은, 다름
아닌 여러분입니다.

8-9 그러므로 여러분은 오늘 내가 여러분에게 명령하는 모든
계명을 지켜 행해야 합니다. 그러면 여러분은 힘을 얻고, 여
러분이 건너가서 차지하려는 땅에 들어가 그 땅을 차지하게
될 것입니다. 여러분은 계명을 지킴으로써, **하나님**께서 여
러분의 조상과 그 자손에게 주시기로 약속하신 땅, 젖과 꿀
이 흐르는 땅에서 오래도록 살게 될 것입니다.

10-12 여러분이 들어가 차지하려는 땅은 여러분이 떠나온 이
집트 땅과 같지 않습니다. 거기서는 여러분이 씨를 뿌리고,
채소밭에 물을 줄 때처럼 직접 물을 주어야 했습니다. 그러
나 여러분이 강을 건너가 여러분의 소유로 삼을 땅은 산과
골짜기가 있는 땅, 하늘에서 내리는 빗물을 흡수하는 땅입
니다. 정원사이신 **하나님** 여러분의 하나님께서 친히 가꾸시
고, 일 년 내내 홀로 돌보시는 땅입니다.

13-15 이제부터 여러분이, 내가 오늘 여러분에게 명령하는 계명을 순종하는 마음으로 듣고, **하나님** 여러분의 하나님을 사랑하고, 마음을 다해 그분을 섬기면, 그분께서 제때에 가을비와 봄비를 내려 주셔서, 여러분이 곡식과 포도와 올리브를 거두게 해주실 것입니다. 또한 여러분의 가축들이 뜯어먹을 풀도 무성하게 해주실 것입니다. 여러분은 먹을거리를 풍성히 얻게 될 것입니다.

16-17 여러분은 유혹을 받고 길을 벗어나, 다른 신들을 섬기고 숭배하는 일이 없도록 깨어 있으십시오. 그러지 않으면 **하나님**께서 진노하셔서 하늘을 닫으실 것입니다. 비가 내리지 않고 밭에서는 아무것도 자라지 않아서, 여러분은 곧 굶어 죽고 말 것입니다. **하나님**께서 여러분에게 주신 아름다운 땅에서, 여러분은 흔적도 없이 사라지고 말 것입니다.

18-21 그러므로 이 말을 여러분의 마음에 간직하십시오. 마음속 깊이 간직하십시오. 손과 이마에 매어 표로 삼으십시오. 또한 여러분의 자녀에게 가르치십시오. 집에 앉아 있을 때나 길을 걸을 때나 어디에 있든지, 아침에 일어나서 밤에 잠자리에 드는 순간까지 이 계명에 관해 이야기하십시오. 양쪽 문기둥과 성문에도 새겨 넣으십시오. 그러면 **하나님**께서 여러분의 조상에게 주겠다고 약속하신 땅에서 여러분과 여러분의 자손이, 땅 위에 하늘이 있는 한, 오래도록 살게 될 것입니다.

22-25 맞습니다. 내가 여러분에게 지키라고 명령하는 이 모든

계명을 부지런히 지키고, **하나님** 여러분의 하나님을 사랑하고, 그분께서 일러 주시는 대로 행하며, 그분께 꼭 붙어 있으면, **하나님**께서 여러분 앞에서 저 모든 민족을 쫓아내실 것입니다. 그렇습니다. 그분께서 여러분보다 크고 강한 민족들을 몰아내실 것입니다. 여러분이 발을 딛는 곳마다 여러분의 땅이 될 것입니다. 여러분 땅의 경계는 광야에서 레바논 산맥에 이르기까지, 유프라테스 강에서 지중해에 이르기까지 뻗어 나갈 것입니다. 아무도 여러분의 앞길을 막지 못할 것입니다. 여러분이 가는 곳이면 어디든지, **하나님**께서 약속하신 대로 공포와 전율을 여러분보다 앞서 보내실 것입니다.

²⁶ 나는 오늘 여러분을 복과 저주의 갈림길에 세웠습니다.

²⁷ 내가 오늘 여러분에게 명령하는 **하나님** 여러분의 하나님의 계명을 순종하는 마음으로 듣고 따르면, 복을 받을 것입니다.

²⁸ 내가 오늘 여러분에게 명령하는 **하나님** 여러분의 하나님의 계명에 주의를 기울이지 않고, 그 길에서 벗어나 여러분이 알지도 못하는 신들을 따라가면, 저주를 받을 것입니다.

²⁹⁻³⁰ **하나님** 여러분의 하나님께서 여러분이 들어가 차지할 땅으로 여러분을 데리고 가시면, 여러분은 그리심 산에서 축복을 선포하고 에발 산에서 저주를 선포하십시오. 요단 강을 건너면, 서쪽 길을 따라가다가 길갈과 모레의 상수리 나무 인근 골짜기에 있는 가나안 사람들의 땅을 통과해 가

십시오.

31-32 이제 여러분은 요단 강을 건너, **하나님** 여러분의 하나님께서 여러분에게 주시는 땅으로 들어가 그 땅을 차지하게 될 것입니다. 깨어 있으십시오. 내가 오늘 여러분 앞에 제시하는 법도와 규례를 모두 지켜 행하십시오.

하나님께서 택하신 예배 처소

12 ¹ 이것은 **하나님** 여러분 조상의 하나님께서 여러분에게 차지하라고 주신 땅에서 여러분이 사는 날 동안 부지런히 지켜야 할 규례와 법도입니다.

2-3 여러분이 쫓아낼 민족들이 자기 신들을 섬기는 산당은, 가차 없이 허물어 버리십시오. 그 산당을 낮은 산이나 높은 산, 푸른 나무숲이나 그 어디에서 찾아내든지, 가차 없이 허물어 버리십시오. 그들의 제단을 부수고, 남근 모양의 기둥들을 박살내십시오. 섹스와 종교를 결합한 아세라 산당들을 불태우고, 그들이 조각한 신상들을 부수어 버리십시오. 그 산당의 이름들을 흔적도 없이 지워 버리십시오.

⁴ 여러분은 그런 곳과 분명히 선을 그으십시오. 그런 곳에서 일어나는 일이, **하나님** 여러분의 하나님께 드리는 예배를 더럽히지 못하게 하십시오.

5-7 여러분은 **하나님** 여러분의 하나님께서 택하셔서 자기 이름으로 표시하신 곳, 이스라엘 온 지파를 위해 정해 주신 곳으로 가서, 그곳에서 모임을 가지십시오. 여러분의 속죄 제

물과 희생 제물, 여러분의 십일조와 높이 들어 바치는 제물,
여러분의 서원 제물과 자원 제물, 소 떼와 양 떼의 첫 새끼
를 그곳으로 가져가십시오. 거기, 곧 **하나님** 여러분의 하나
님 앞에서 잔치를 벌이십시오. **하나님** 여러분의 하나님께서
주시는 복으로 성취한 모든 것을 두고 여러분의 가족과 함
께 기뻐하십시오.

8-10 지금은 우리가 이 같은 일들을 저마다 원하는 대로 하고
있지만, 앞으로는 그렇게 하지 마십시오. 아직까지는 여러
분이 목적지와 안식처, 곧 **하나님** 여러분의 하나님께서 유
산으로 주시는 땅에 이르지 못했기 때문입니다. 그러나 여
러분이 요단 강을 건너 **하나님** 여러분의 하나님께서 유산으
로 주시는 땅에 들어가 자리를 잡으면, 그분께서 여러분 주
위에 있는 모든 적들을 쫓아내시고 여러분을 편히 쉬게 해
주실 것입니다. 그러면 여러분은 안전하게 자리를 잡고 살
게 될 것입니다.

11-12 그때부터는 내가 여러분에게 명령하는 모든 것, 곧 여
러분의 속죄 제물과 희생 제물, 여러분의 십일조와 높이 들
어 바치는 제물, 여러분이 **하나님**께 서원하고 바치는 서원
제물 가운데서 가장 좋은 것을, **하나님** 여러분의 하나님께
서 택하셔서 자기 이름으로 표시하신 곳, 여러분이 그분을
만날 수 있는 곳으로 가져가십시오. 거기서 여러분은, **하나
님** 여러분의 하나님 앞에서 여러분의 자녀와 남종과 여종
과, 여러분의 유산 가운데 자기 몫 없이 여러분의 동네에 사

는 레위인과 함께 기뻐하십시오.

¹³⁻¹⁴ 특히, 마음에 드는 아무 곳에서나 속죄 제물을 드리는 일이 없도록 조심하십시오. 하나님께서 여러분의 지파 가운데서 택하신 한곳에서만 속죄 제물을 드리십시오. 내가 명령하는 모든 것을 그곳으로만 가져가야 합니다.

¹⁵ 하나님 여러분의 하나님께서 주신 복에 따라, 노루나 사슴처럼 제물용이 아닌 짐승은 여러분의 성읍에서 잡아 원하는 부위를 먹어도 됩니다. 정결한 사람이든 부정한 사람이든, 모두 그 고기를 먹을 수 있습니다.

¹⁶⁻¹⁸ 그러나 그 피를 먹어서는 안됩니다. 피는 물처럼 땅바닥에 쏟아 버려야 합니다. 그리고 여러분의 곡식과 새 포도주와 올리브기름의 십일조, 소와 양의 첫 새끼, 여러분이 서원하여 드린 서원 제물과 자원 제물, 높이 들어 바치는 제물도 여러분의 성읍에서 먹어서는 안됩니다. 이 모든 것은 하나님 여러분의 하나님 앞, 곧 하나님 여러분의 하나님께서 택하신 곳에서 먹어야 합니다. 여러분과 여러분의 자녀, 여러분의 남종과 여종, 여러분의 동네에 사는 레위인이 모두 그렇게 해야 합니다. 여러분은 여러분이 성취한 모든 것을 두고, 하나님 여러분의 하나님 앞에서 경축해야 합니다.

¹⁹ 여러분은 여러분의 땅에서 사는 동안 레위인을 결코 소홀히 대하지 마십시오.

²⁰⁻²² 하나님 여러분의 하나님께서 친히 약속하신 대로, 여러분의 영토를 넓혀 주신 뒤에, 고기 생각이 간절하여 여러분

의 입에서 "고기가 먹고 싶다"는 말이 나오면, 가서 원하는
만큼 고기를 먹으십시오. 만일 **하나님** 여러분의 하나님께서
자기 이름으로 표시하신 곳이 여러분이 사는 곳에서 너무
멀면, 내가 여러분에게 명령한 대로 **하나님**께서 여러분에게
주신 소나 양을 잡아, 여러분의 성읍에서 마음껏 먹어도 됩
니다. 노루나 사슴처럼 제물용이 아닌 짐승을 먹듯이, 그 고
기를 먹어도 됩니다. 부정한 사람이든 정결한 사람이든, 한
식탁에 둘러앉아 그것을 먹을 수 있습니다.

23-25 그러나 피는 안됩니다. 피는 먹지 마십시오. 피는 생명
이니, 생명을 고기와 함께 먹어서는 안됩니다. 피는 먹지 말
고, 물처럼 땅바닥에 쏟아 버리십시오. 그것을 먹지 마십시
오. 그러면 여러분과 여러분의 자손이 모두 잘 살게 될 것입
니다. 반드시, **하나님** 보시기에 올바른 일을 행하십시오.

26-27 여러분의 거룩한 제물과 여러분의 서원 제물은, 높이
들어 **하나님**께서 정해 주신 곳으로 가져가십시오. 속죄 제
물의 고기와 피는 **하나님** 여러분의 하나님의 제단에 바치십
시오. 속죄 제물의 피는 **하나님** 여러분의 하나님의 제단에
쏟으십시오. 그런 다음 여러분은 고기를 먹어도 됩니다.

28 정신을 차려, 내가 여러분에게 명령하는 이 말을 순종하
는 마음으로 들으십시오. 그러면 여러분과 여러분의 자손
이, **하나님** 여러분의 하나님 보시기에 선한 일과 올바른 일
을 행하면서, 오래도록 잘 살게 될 것입니다.

다른 신들을 섬기지 마십시오

29-31 **하나님** 여러분의 하나님께서 여러분이 들어가 차지하려는 땅에 살고 있는 민족들을 끊어 버리시고 여러분 앞에서 그들을 몰아내셔서, 그들을 대신해 여러분이 그 땅에 자리를 잡게 하시면, 조심하십시오. 여러분 앞에서 멸망한 그들에 대해 호기심을 품는 일이 없도록 조심하십시오. 그들의 신들에게 정신이 팔려, "이 민족들은 신들을 어떻게 섬겼을까? 나도 한번 그렇게 해보고 싶다" 하고 생각하는 일이 없게 하십시오. **하나님** 여러분의 하나님께 그 같은 일을 하지 마십시오. 그들은 상상할 수 있는 온갖 역겨운 짓을 자기 신들과 함께 저지릅니다. **하나님**께서는 그러한 짓을 몹시 싫어하십니다. 그들은 자녀를 불살라 자기 신들에게 제물로 바치기까지 합니다!

32 내가 여러분에게 명령하는 모든 것을, 여러분은 부지런히 지켜 행하십시오. 거기에 무엇을 더하거나 빼지 마십시오.

13 1-4 여러분의 공동체에 예언자나 환상을 보는 자가 나타나서 기적-표징이나 이적을 일으키겠다 말하고, 자신이 말한 기적-표징이나 이적이 일어나서, 그가 (여러분이 알지 못하는 신들을 들먹이며) "다른 신들을 따라가 그 신들을 섬기자" 하고 말하거든, 그 예언자나 환상을 보는 자의 말을 듣는 척도 하지 마십시오. 이는 **하나님** 여러분의

하나님께서, 여러분이 마음을 다해 그분을 온전히 사랑하는지 알아보시려고 여러분을 시험하시는 것입니다. 여러분은 **하나님** 여러분의 하나님만을 따르고, 그분을 깊이 경외하고, 그분의 계명을 지키고, 그분의 말씀을 순종하는 마음으로 들으며, 그분을 섬겨야 합니다. 생명을 다해 그분을 꼭 붙잡으십시오!

5 그런 예언자나 환상을 보는 자는 반드시 사형에 처해야 합니다. 이집트에서 여러분을 건져 주시고, 종살이하던 세계에서 여러분을 속량하셨으며, 여러분에게 길을 제시해 그 길을 걸으라고 명령하신 **하나님** 여러분의 하나님을 배반하라고 그 자가 선동했기 때문입니다. 여러분은 여러분의 공동체에서 악을 말끔히 제거해 버리십시오.

6-10 그리고 여러분의 형제나 아들이나 딸이나, 여러분이 사랑하는 아내나 여러분의 평생 친구가 은밀히 다가와서, (여러분이나 여러분의 조상이 전혀 알지 못하는 신들, 땅의 이 끝에서 저 끝까지 원근 각처에 있는 민족들의 신들을 들먹이며) "가서 다른 신들을 섬깁시다" 하고 꾀거든, 여러분은 그를 따르지도 말고 그의 말을 듣지도 마십시오. 그런 자를 불쌍히 여기지도 말고 변호해 주지도 마십시오. 그 자를 죽이십시오. 그런 자는 죽이는 것이 옳습니다. 여러분이 먼저 돌을 던지십시오. 그런 다음 곧바로 공동체의 모든 사람이 동참하여 돌을 던지십시오. 돌로 쳐서 그를 죽이십시오. 그가 여러분을 반역자로 만들어, 이집트 땅 종살이하던 세계에서 여러

분을 이끌어 내신 **하나님** 여러분의 하나님을 거역하게 하려고 했기 때문입니다.

¹¹ 그러면 이스라엘의 모든 남자와 여자와 아이가 그 일을 듣고 두려워하여, 이처럼 악한 일을 다시는 저지르지 않게 될 것입니다.

¹²⁻¹⁷ **하나님** 여러분의 하나님께서 여러분에게 들어가 살라고 주시는 성읍들 가운데 한 곳에서 소문이 들리기를, 악한 자들이 그 성읍 주민들 일부와 공모하여 배반을 일삼고 (여러분이 알지 못하는 신들을 들먹이며) "가서 다른 신들을 섬깁시다" 한다 하거든, 여러분은 반드시 그 일을 자세히 알아봐야 합니다. 심문하고 조사하십시오. 소문이 사실로 판명되고, 그 역겨운 일이 실제로 여러분의 공동체 안에서 벌어졌다는 것이 사실로 드러나면, 여러분은 그 성읍 주민들을 처형해야 합니다. 그들을 죽이고, 그 성읍을 거룩한 진멸을 위해 따로 떼어 두십시오. 그 성읍과 그 안에 있는 모든 것과 가축까지 멸하십시오. 노획물은 그 성읍의 광장 한가운데 모아 놓고 그 성읍과 노획물을 모조리 불살라서, 그 연기를 **하나님** 여러분의 하나님을 위한 거룩한 제물로 바치십시오. 그 성읍을 폐허 더미로 남겨 두고, 다시는 그 터 위에 성읍을 세우지 마십시오. 거룩한 진멸에 바쳐진 노획물 가운데 어느 것에도 손대지 마십시오. 완전히 없애 버리십시오. 그래야 **하나님**께서 진노를 푸시고 긍휼을 베푸셔서, 여러분의 조상에게 약속하신 대로, 여러분을 번성하게 해주실 것입니다.

¹⁸ 그렇습니다. **하나님** 여러분의 하나님의 말씀을 잘 들으십시오. 오늘 내가 여러분에게 전하는 그분의 계명을 모두 지키십시오. **하나님** 여러분의 하나님 보시기에 올바른 일을 행하십시오.

먹을 수 있는 짐승과 먹을 수 없는 짐승

14

¹⁻² 여러분은 **하나님** 여러분의 하나님의 자녀이니, 죽은 자를 위해 애도할 때 여러분의 몸에 상처를 내거나 머리를 미는 일이 없게 하십시오. **하나님** 여러분의 하나님께 거룩한 백성은 여러분밖에 없습니다. **하나님**께서 땅 위에 있는 모든 백성 가운데서 여러분을 택하셔서 그분의 소중한 보배로 삼으셨기 때문입니다.

³⁻⁸ 혐오스러운 것은 무엇이든 먹지 마십시오. 여러분이 먹어도 되는 짐승은 소와 양과 염소, 사슴과 노루와 수노루, 들염소와 산염소와 영양과 산양과 같이 굽이 갈라지고 새김질하는 모든 짐승입니다. 그러나 낙타와 토끼와 바위너구리는 먹어서는 안됩니다. 그것들은 새김질은 하지만 굽이 갈라지지 않아서 부정한 것입니다. 돼지도 먹지 마십시오. 돼지는 굽은 갈라졌지만 새김질을 하지 않아서 부정한 것입니다. 그 주검을 만져서도 안됩니다.

⁹⁻¹⁰ 물속에 사는 것 가운데서 지느러미와 비늘이 있는 것은 무엇이든 여러분이 먹어도 됩니다. 그러나 지느러미나 비늘이 없는 것은 먹어서는 안됩니다. 그것은 부정한 것입니다.

¹¹⁻¹⁸ 정결한 새는 무엇이든 먹어도 됩니다. 그러나 예외가 있는데, 다음 새들은 먹지 마십시오. 곧 독수리, 참수리, 검은대머리수리, 솔개, 수리, 각종 말똥가리, 각종 까마귀, 타조, 쏙독새, 각종 매, 금눈쇠올빼미, 큰올빼미, 흰올빼미, 사다새, 물수리, 가마우지, 황새, 각종 왜가리, 오디새, 박쥐입니다.

¹⁹⁻²⁰ 날개 달린 곤충은 부정하니 먹지 마십시오. 그러나 정결하고 날개 달린 것은 먹어도 됩니다.

²¹ 여러분은 **하나님** 여러분의 하나님께 거룩한 백성이니, 죽은 채 발견된 것은 무엇이든 먹지 마십시오. 그러나 그것을 여러분의 동네에 사는 외국인에게 먹으라고 주거나 그에게 파는 것은 괜찮습니다.

새끼염소를 그 어미의 젖에 삶지 마십시오.

십일조

²²⁻²⁶ 매년 여러분의 밭에서 거둔 농산물 가운데서 십분의 일, 곧 십일조를 예물로 드리십시오. 여러분의 곡식과 포도주와 기름의 십일조를, 양 떼와 소 떼의 처음 태어난 새끼와 함께 **하나님** 여러분의 하나님 앞, 곧 **하나님**께서 예배를 위해 정해 주신 곳으로 가져가서 먹어야 합니다. 이렇게 함으로써 여러분은, 살아 있는 동안 **하나님** 여러분의 하나님을 깊이 경외하며 사는 법을 배우게 될 것입니다. 그러나 **하나님** 여러분의 하나님께서 정해 주신 곳이 너무 멀어서 그곳

까지 십일조를 가져갈 수 없을 경우에도, **하나님** 여러분의
하나님께서는 여러분에게 복을 주실 것입니다. 여러분의 십
일조를 돈으로 바꾸어 **하나님** 여러분의 하나님께서 예배받
으시기 위해 택하신 곳으로 가져가십시오. 거기서 여러분이
원하는 것을 사십시오. 소나 양, 포도주나 맥주, 그 무엇이
든 여러분이 보기에 좋은 것을 그 돈을 주고 사십시오. 그런
다음 여러분과 여러분의 온 집안이 **하나님** 여러분의 하나님
앞에서 잔치를 벌이고 즐거운 시간을 보내십시오.

²⁷ 그러나 여러분의 성읍에 사는 레위인을 잊지 말고 잘 보
살피십시오. 그들은 여러분처럼 재산이나 자기 소유의 유산
을 상속받을 수 없기 때문입니다.

²⁸⁻²⁹ 여러분은 매 삼 년 끝에 그해에 거둔 모든 곡식의 십분
의 일을 거두어들여, 창고에 따로 저장해 두십시오. 재산이
나 유산이 없는 레위인과 여러분의 동네에 사는 외국인과
고아와 과부를 위해 그것을 비축해 두십시오. 그러면 그들
이 먹을거리를 풍성히 얻게 될 것이고, **하나님** 여러분의 하
나님께서 여러분이 하는 모든 일에 복을 주실 것입니다.

빚을 면제해 주는 해

15 ¹⁻³ 매 칠 년 끝에는 모든 빚을 면제해 주십시오.
그 절차는 다음과 같습니다. 누구든지 이웃에게
돈을 꾸어 준 사람은 자기가 꾸어 준 것을 장부에서 지워 버
려야 합니다. **하나님**께서 "모든 빚이 면제되었다" 말씀하시

니, 여러분은 이웃이나 그의 형제에게 빚을 갚으라고 독촉해서는 안됩니다. 외국인에게 빌려 준 돈은 거두어들여도 되지만, 여러분의 동족 이스라엘 자손에게 꾸어 준 것은 무엇이든지 장부에서 지워 버려야 합니다.

4-6 여러분 가운데 가난한 사람이 있어서는 안됩니다. **하나님** 여러분의 하나님께서 여러분에게 유산으로 주시는 저 땅, 곧 여러분이 차지할 땅에서 여러분에게 아낌없이 복을 주실 것이기 때문입니다. 그러나 여러분이 **하나님** 여러분의 하나님의 음성을 순종하는 마음으로 듣고, 내가 오늘 여러분에게 명령하는 모든 계명을 부지런히 지킬 때에만 그렇게 하실 것입니다. 그렇습니다. **하나님** 여러분의 하나님께서는 약속하신 대로, 여러분에게 복을 주실 것입니다. 여러분은 많은 민족들에게 꾸어 줄지언정 꾸지는 않을 것이고, 많은 민족들을 다스릴지언정 다스림을 받지는 않을 것입니다.

7-9 **하나님** 여러분의 하나님께서 주시는 저 땅에서 함께 살아가는 여러분의 동족 가운데 곤경에 처하거나 도움이 필요한 이를 만나거든, 못 본 척 고개를 돌리지 마십시오. 여러분의 지갑을 꼭 닫지 마십시오. 그러면 안됩니다. 그의 처지를 살펴보고, 여러분의 지갑을 열어 그가 필요로 하는 만큼 넉넉하게 꾸어 주십시오. 손해를 따지지 마십시오. "조금 있으면 일곱째 해, 곧 모든 빚을 면제해 주는 해다" 하는 이기적인 소리에 솔깃하여, 곤경에 빠진 궁핍한 이웃을 외면하거나 그를 돕지 않는 일이 없게 하십시오. 그가 여러분과

여러분의 뻔뻔스러운 죄를 두고 **하나님**께 부르짖으면 **하나**
님께서 들으실 것이기 때문입니다.

10-11 자원하는 마음으로 기꺼이 베푸십시오. 아까워하는 마
음을 갖지 마십시오. 여러분이 이러한 문제를 어떻게 처리
하느냐에 따라, 여러분이 하는 모든 일, 곧 여러분의 모든
업무와 사업 가운데 내려 주시는 **하나님** 여러분의 하나님의
복이 결정됩니다. 여러분 가운데는 가난하고 궁핍한 사람이
늘 있을 것입니다. 그러므로 나는 여러분에게 명령합니다.
언제나 인정 많은 사람이 되십시오. 지갑을 열고 손을 활짝
펴서, 어려움에 처한 여러분의 이웃, 가난하고 굶주린 여러
분의 이웃에게 베푸십시오.

12-15 히브리 남자나 히브리 여자가 여러분에게 팔려 와서 여
섯 해 동안 여러분을 섬겼을 경우, 일곱째 해에는 그들을 놓
아주어 자유로운 삶을 살게 해야 합니다. 그들을 놓아줄 때
에는 빈손으로 보내지 마십시오. 그들에게 가축 몇 마리를
내어주고, 빵과 포도주와 기름도 듬뿍 내어주십시오. **하나**
님 여러분의 하나님께서 여러분에게 베푸신 온갖 복을 듬뿍
떼어 그들에게 주십시오. 여러분도 전에는 이집트 땅에서
종이었으며, **하나님** 여러분의 하나님께서 그 종살이하던 세
계에서 여러분을 속량해 주셨음을 한순간도 잊지 마십시오.
그래서 내가 오늘 여러분에게 이것을 명령하는 것입니다.

16-17 그러나 여러분의 종이 여러분과 여러분의 가족을 사랑
하고 여러분과 함께 지내는 것을 좋아하여 "나는 주인님을

떠나고 싶지 않습니다" 하고 말하면, 송곳을 가져다가 그의 귀를 문기둥에 대고 구멍을 뚫어, 그를 영원토록 여러분의 종으로 삼으십시오. 여러분과 함께 지내고 싶어 하는 여종 에게도 똑같이 하십시오.

¹⁸ 여러분의 종을 놓아주는 것을 이치에 맞지 않은 어려운 일로 여기지 마십시오. 따지고 보면, 그는 여섯 해 동안 품 꾼의 절반 품삯으로 여러분을 위해 일했기 때문입니다.

하나님 여러분의 하나님께서 여러분이 하는 모든 일에 복을 주실 것이니, 내 말을 믿으십시오.

¹⁹⁻²³ 여러분의 소 떼와 양 떼 가운데서 처음 태어난 수컷은 모두 **하나님** 여러분의 하나님께 드리십시오. 처음 태어난 소는 부리지 말고, 처음 태어난 양의 털은 깎지 마십시오. 이것들은 여러분과 여러분의 가족이 **하나님** 여러분의 하나 님 앞, 곧 **하나님**께서 예배를 위해 정해 주신 곳에서 해마다 먹어야 하는 것들입니다. 그 짐승에게 흠이 있으면, 곧 다리 를 절거나 눈이 멀었거나 그 밖에 어딘가 결함이 있으면, **하 나님** 여러분의 하나님께 제물로 잡아 드리지 마십시오. 그 런 것은 집에서 먹으십시오. 노루나 사슴을 먹을 때와 마찬 가지로, 정결한 사람이든 부정한 사람이든 누구나 그것을 먹어도 됩니다. 다만 그 피를 먹어서는 안됩니다. 피는 물처 럼 땅바닥에 쏟아 버리십시오.

유월절

16

¹⁻⁴ 아빕월을 지켜 **하나님** 여러분의 하나님께 유월절 제사를 드리십시오. **하나님** 여러분의 하나님께서 여러분을 아빕월 밤에 이집트에서 건져 내셨습니다. **하나님**께서 자기 이름을 두고 예배받으시려고 택하신 그곳에서, **하나님** 여러분의 하나님께 유월절 제물을 드리십시오. 누룩을 넣은 빵을 그 제물과 함께 먹어서는 안됩니다. 칠 일 동안 누룩을 넣지 않은 빵, 곧 궁핍한 시절에 먹었던 빵을 그 제물과 함께 먹으십시오. 이는 여러분이 이집트를 나올 때 급히 떠나왔기 때문입니다. 그 빵은 여러분이 이집트를 어떻게 떠나왔는지를, 여러분이 사는 동안 생생하게 기억나게 할 것입니다. 칠 일 동안은 어디에도 누룩의 흔적이 있어서는 안됩니다. 여러분이 저녁에 제물로 드린 고기는 다음날 아침까지 남겨 두지 마십시오.

⁵⁻⁷ 유월절 제물을, **하나님** 여러분의 하나님께서 여러분에게 주신 성읍 아무 데서나 드리지 마십시오. 오직 **하나님** 여러분의 하나님께서 예배를 위해 정해 주신 곳에서, 여러분이 이집트를 나오던 시각, 곧 해가 지는 저녁에 유월절 제물을 드리십시오. **하나님** 여러분의 하나님께서 정해 주신 곳에서 그 제물을 삶아 먹고, 새벽에 집으로 돌아가십시오.

⁸ 육 일 동안 누룩을 넣지 않은 빵을 먹고, 일곱째 날은 거룩한 날로 구별하여 아무 일도 하지 마십시오.

칠칠절

9-11 무르익은 곡식에 낫을 대는 날부터 시작하여, 일곱 주를 세십시오. 여러분의 자원 제물을 가지고 가서 **하나님** 여러분의 하나님께 드리는 칠칠절을 기념하십시오. **하나님** 여러분의 하나님께서 여러분에게 복을 주시는 대로 넉넉하게 드리십시오. 여러분과 여러분의 자녀, 여러분의 남종과 여종, 여러분의 동네에 사는 레위인, 여러분과 함께 사는 외국인과 고아와 과부 할 것 없이 모두 다 **하나님** 여러분의 하나님 앞에서 기뻐하십시오. **하나님** 여러분의 하나님께서 예배받으시려고 따로 구별해 주신 곳에서 기뻐하십시오.

12 여러분도 전에는 이집트 땅에서 종이었음을 잊지 마십시오. 이 법도를 부지런히 지키십시오.

초막절

13-15 타작마당과 포도주틀에서 수확물을 거두어들일 때, 칠일 동안 초막절을 지키십시오. 여러분과 여러분의 자녀, 여러분의 남종과 여종, 여러분의 동네에 사는 레위인과 외국인과 고아와 과부 할 것 없이 모두 이 절기를 기뻐하십시오. 칠 일 동안 **하나님**께서 정해 주신 곳에서, **하나님** 여러분의 하나님 앞에 절기를 지키십시오. **하나님** 여러분의 하나님께서 여러분의 수확물과 여러분이 하는 모든 일에 복을 주셨으니, 즐겁게 보내십시오. 마음껏 경축하십시오!

¹⁶⁻¹⁷ 여러분 가운데 모든 남자는 해마다 세 차례, 곧 무교절 (유월절)과 칠칠절과 초막절에, **하나님** 여러분의 하나님께 서 정해 주신 곳에서 그분 앞에 나아가야 합니다. 빈손으로 **하나님** 앞에 나아가서는 안됩니다. 저마다 **하나님** 여러분의 하나님께서 베풀어 주신 복에 따라, 힘 닿는 만큼 넉넉하게 가져가서 드려야 합니다.

¹⁸⁻¹⁹ **하나님** 여러분의 하나님께서 여러분에게 주시는 모든 성읍에, 지파에 따라 재판관과 관리들을 임명하여 세우십시 오. 그들은 백성을 공정하고 정직하게 재판해야 합니다. 법 을 왜곡하지 말고, 어느 한쪽을 편들지 마십시오. 뇌물을 받 지 마십시오. 뇌물은 슬기로운 사람의 눈을 어둡게 하고, 가 장 선한 사람의 의도마저 훼손합니다.

²⁰ 옳은 것, 바른 것! 오직 올바른 것만 따르십시오! 그렇게 할 때에만 여러분이 참으로 살고, **하나님** 여러분의 하나님 께서 여러분에게 주시는 땅을 차지할 수 있습니다.

²¹⁻²² 여러분이 세울 **하나님** 여러분의 하나님의 제단 옆에 다 산의 신 아세라 목상들을 세우지 마십시오. 남근 모양의 기 둥들을 세우지 마십시오. 그것들은 **하나님** 여러분의 하나님 께서 혐오하시는 것들입니다.

17

¹ 흠이 있거나 결함이 있는 소나 양을 **하나님** 여러분의 하나님께 제물로 드리지 마십시오. 그런 것은 **하나님** 여러분의 하나님께 역겹고 혐오스러운 것입니다.

❦

2-5 **하나님** 여러분의 하나님께서 여러분에게 주시는 성읍 안에서, **하나님** 보시기에 부정한 짓을 저지르고, 그분의 언약을 저버리고 다른 신들을 숭배하러 가서 해나 달이나 하나님을 대적하는 하늘의 신들에게 절하는 자를 만나거든, 그 증거를 찾아 철저히 조사하십시오. 그것이 사실로 드러나고 그들이 이스라엘 안에서 역겨운 짓을 한 것이 드러나면, 여러분은 그 악한 짓을 저지른 남자나 여자를 여러분의 성문 밖으로 끌고 가 돌로 쳐서 죽여야 합니다. 그가 죽을 때까지 돌로 쳐야 합니다.

6-7 하지만 두세 사람의 증언이 있을 때에만 사람을 죽일 수 있습니다. 한 명의 증언만으로 사람을 죽여서는 안됩니다. 증인이 먼저 돌을 던지고, 그 후에 공동체의 나머지 사람들이 따라서 던져야 합니다. 이와 같이 하여 여러분은 여러분의 공동체에서 악을 제거해야 합니다.

8-9 여러분이 판결하기 어려운 재판의 문제, 곧 살인이나 법적 소송이나 싸움 등 어려운 사건이 생기거든, 그 사건을 **하나님** 여러분의 하나님께서 정해 주신 예배 처소로 가져가십

시오. 그 사건을 당시 직무를 맡은 레위인 제사장들과 재판
관에게 가져가서 문의하십시오. 그러면 그들이 여러분에게
판결을 내려 줄 것입니다.

10-13 그런 다음 **하나님** 여러분의 하나님께서 정해 주신 곳에
서 그들의 판결대로 실행하십시오. 그들이 여러분에게 일
러 주는 대로, 꼭 그대로 행하십시오. 그들의 판결을 정확히
따르십시오. **빼거나 더하지 마십시오. 하나님** 여러분의 하
나님 앞에서 섬기는 제사장이나 재판관의 판결을 듣지 않고
거역하는 사람은 죽여야 합니다. 그런 자는 뿌리째 뽑아 버
리십시오. 이스라엘에서 악을 제거하십시오. 그러면 모든
사람이 듣고 마음에 깊이 새겨서, 아무도 주제넘게 행동하
지 않을 것입니다.

❦

14-17 **하나님** 여러분의 하나님께서 여러분에게 주시는 땅에
들어가서 그 땅을 차지하고 자리를 잡은 다음에, "주위의 모
든 민족처럼 왕을 세워야겠다"는 말이 나오면, 반드시 **하나
님** 여러분의 하나님께서 택하시는 사람을 왕으로 세우십시
오. 여러분의 동족 가운데서 왕을 고르십시오. 외국인을 왕
으로 세우지 말고, 여러분의 동족을 왕으로 세워야 합니다.
그러나 아무리 왕이라고 해도 전쟁 무기를 늘리거나 군마와
전차를 비축하게 해서는 안됩니다. 말을 늘리려고 백성을
이집트로 보내서도 안됩니다. **하나님**께서 여러분에게 "너

희가 다시는 그곳으로 돌아가서는 안된다!" 하고 말씀하셨기 때문입니다. 또한 왕이 후궁을 늘리고 여러 아내를 맞이하여, 바르고 고결한 삶에서 벗어나는 일이 없게 하십시오. 또 은과 금을 많이 쌓아 두는 일도 없게 하십시오.

18-20 왕이 해야 할 일은 이러합니다. 왕위에 오른 사람이 맨 먼저 할 일은, 레위인 제사장들의 감독 아래 이 계시의 말씀을 두루마리에 직접 기록하는 것입니다. 왕은 그것을 늘 곁에 두고 날마다 연구하여 **하나님**을 경외하는 것이 무슨 뜻인지 배우고, 이 규례와 법도를 성심껏 따르고 지키면서 살아야 합니다. 그는 자만하거나 교만해서도 안되고, 자기 좋을 대로 하거나 자기 생각을 내세우기 위해 기분에 따라 계명을 고쳐서도 안됩니다. 그와 그의 자손이 이 계명을 읽고 배우면, 이스라엘에서 오랫동안 왕으로 다스리게 될 것입니다.

제사장과 레위인의 몫

18

1-2 레위인 제사장들, 곧 모든 레위 지파는 나머지 이스라엘 지파들과 함께 땅을 유산으로 받지 못합니다. 그들은 **하나님**께 불살라 바친 제물을 유산으로 받아, 그것을 먹고 살 것입니다. 그러나 그들은 자기 동족처럼 땅을 유산으로 받지 못합니다. 그들의 유산은 다름 아닌 **하나님**이기 때문입니다.

3-5 소나 양을 제물로 바치는 백성에게서 제사장이 받을 수 있는 것은 앞다리와 턱과 위입니다. 여러분은 처음 거둔 곡

식과 포도주와 기름은 물론이고, 여러분이 처음 깎은 양털
도 제사장에게 주어야 합니다. 이는 하나님 여러분의 하나
님께서 여러분의 모든 지파 가운데서 그들과 그 자손을 택
하셔서, 그들이 언제나 하나님 여러분의 하나님의 이름으로
그곳에 있으면서 섬기게 하셨기 때문입니다.

6-8 레위인은 자신이 원하는 성읍 어디든지 갈 수 있습니다.
그가 이스라엘의 어느 성읍을 떠나, 하나님께서 예배받으시
려고 정해 주신 곳으로 갈 경우, 그는 하나님 앞에서 섬기는
모든 레위인 형제와 함께 그곳에서 하나님의 이름으로 섬길
수 있습니다. 그가 자기 조상의 재산을 판 돈을 가지고 있더
라도, 그들과 똑같이 먹고 살 몫을 나누어 받아야 합니다.

다른 민족들의 생활방식을 본받지 마십시오

9-12 하나님 여러분의 하나님께서 여러분에게 주시는 땅에
들어가거든, 여러분은 그곳에 사는 민족들의 역겨운 생활방
식을 본받지 마십시오. 여러분의 아들이나 딸을 불 속에 제
물로 바치지 마십시오. 점이나 마술, 운세풀이, 마법, 주문
걸기, 혼백 불러내기나 죽은 자와 소통하는 짓 등을 따라하
지 마십시오. 하나님께서는 이와 같은 짓을 일삼는 자들을
역겨워하십니다. 하나님 여러분의 하나님께서 저 민족들을
여러분 앞에서 쫓아내려고 하시는 것은, 그런 역겨운 관습
때문입니다.

13-14 하나님 여러분의 하나님께 온전히 충성하십시오. 여러

분이 저 땅에서 쫓아낼 민족들은 지금도 마술사와 무당들과 놀아나고 있지만, 여러분은 그렇게 해서는 안됩니다. **하나님** 여러분의 하나님께서는 그런 일을 금하십니다.

15-16 **하나님** 여러분의 하나님께서 여러분을 위해 한 예언자를 일으켜 세우실 것입니다. 여러분의 동족 가운데서 나와 같은 예언자를 세우실 것입니다. 여러분은 그의 말을 순종하는 마음으로 들으십시오. 이것은 여러분이 호렙에 모이던 날에 **하나님** 여러분의 하나님께 청한 일입니다. 그때 여러분은 이렇게 말했습니다. "우리는 **하나님** 우리 하나님께서 하시는 말씀을 더 이상 듣지 못하겠습니다. 이렇게 불을 보고 서 있다가는 우리가 죽을 것 같습니다!"

17-19 그러자 **하나님**께서 내게 말씀하셨습니다. "맞다. 그들의 말이 옳다. 내가 그들을 위해 그들의 동족 가운데서 너와 같은 예언자 한 사람을 일으켜 세워, 무슨 말을 해야 하는지 그에게 일러 주겠다. 그러면 그는 내가 그에게 명령하는 모든 것을 그들에게 전해 줄 것이다. 그가 전하는 내 말을 귀기울여 듣지 않는 자에게는, 내가 직접 책임을 물을 것이다. 20 만일 어떤 예언자가 내 말을 조작하거나, 내가 명령하지도 않은 말을 내 이름으로 말하거나 다른 신들의 이름으로 말하면, 그 예언자는 반드시 죽여야 한다."

21-22 여러분은 마음속으로, "**하나님**께서 하신 말씀인지 아닌지 우리가 어떻게 알겠는가?" 하고 말할지도 모르겠습니다. 알 수 있는 방법이 여기 있습니다. 예언자가 **하나님**의

이름으로 말한 것이 실제로 일어나지 않으면, **하나님**께서 하신 말씀이 아니라 예언자가 자기 마음대로 꾸며 낸 것입니다. 그런 예언자의 말은 신경 쓰지 마십시오.

도피성

19

¹⁻³ **하나님** 여러분의 하나님께서 친히 여러분에게 주시는 땅에서 저 민족들을 내쫓으시고 여러분이 그들의 성읍과 집에 들어가 살게 되면, 여러분은 **하나님** 여러분의 하나님께서 여러분에게 차지하라고 주시는 땅에서, 누구나 쉽게 접근할 수 있는 성읍 셋을 따로 떼어 놓아야 합니다. 여러분은 **하나님** 여러분의 하나님께서 여러분에게 차지하라고 주시는 저 땅을 세 지역으로 나누고 각 성읍에 이르는 길을 닦아서, 실수로 사람을 죽인 사람이 그곳으로 피신할 수 있게 하십시오.

⁴⁻⁷ 살인자가 그곳으로 피신하여 보호받을 수 있는 경우는 다음과 같습니다. 그는 원한을 품은 일 없이 실수로 이웃을 죽인 사람이어야 합니다. 예를 들어, 어떤 사람이 자기 이웃과 함께 나무를 하러 숲에 가서 도끼를 휘두르다가 그만 도끼날이 자루에서 **빠져** 그 이웃이 맞아 죽었다고 합시다. 그 사람은 이 세 성읍 가운데 한 곳으로 피신하여 목숨을 건질 수 있습니다. 그 성읍이 너무 멀리 떨어져 있으면, 복수심에 불타는 피의 보복자가 그 사람을 뒤쫓아 가서 잡아 죽이고 말 것입니다. 거리가 먼 탓에, 죽지 않아도 되는 사람이 죽

게 됩니다. 사람을 죽인 것이 그의 잘못이 아니고 살인자와 피해자 사이에 원한을 살 만한 일이 없었는데도, 그런 참극이 빚어지는 것입니다. 그러므로 나는 여러분에게 명령합니다. 여러분을 위해 성읍 셋을 따로 떼어 두십시오.

8-10 **하나님** 여러분의 하나님께서 여러분의 조상에게 엄숙히 약속하신 대로, 여러분의 땅을 넓혀 주시고 그 경계를 확장해 주시고 여러분의 조상에게 약속하신 땅 전체를 여러분에게 주시면, 다시 말해 내가 오늘 여러분에게 명령하는 대로, 여러분이 열심히 살고 **하나님** 여러분의 하나님을 사랑하며 그분이 말씀하시는 것을 여러분 평생에 실천하여 그런 일이 일어나면, 여러분은 이 세 성읍에 다른 세 성읍을 추가하여 무고한 피가 여러분의 땅에 떨어지는 일이 없게 하십시오. **하나님** 여러분의 하나님께서 여러분에게 유산으로 주시는 땅이니, 여러분은 그 땅을 무고한 피로 더럽혀 피 흘림의 죄를 뒤집어쓰지 않게 해야 합니다.

11-13 그러나 어떤 사람이 이웃을 미워하여 숨어서 기다리다가, 그를 급습하여 쳐죽이고 이 성읍들 가운데 한 곳으로 달아난 경우에는 이야기가 다릅니다. 그가 살던 성읍의 장로들은 사람을 보내어 그를 붙잡아 돌아오게 해야 합니다. 그런 다음 그를 피의 보복자에게 넘겨주어 죽게 해야 합니다. 그를 불쌍히 여기지 마십시오. 이스라엘에서 사악한 살인을 말끔히 씻어 버리십시오. 그래야 여러분이 깨끗한 공기를 마시며 잘 살게 될 것입니다.

¹⁴ 여러분은 그 땅에 첫 발을 들여놓은 여러분의 조상이, 오래전에 자기 소유지 경계로 세워 놓은 경계표를 옮기지 마십시오.

¹⁵ 어떤 범죄나 죄도 한 사람의 증언만으로는 유죄 판결을 내릴 수 없습니다. 증인이 두세 사람은 있어야 그 일을 판결할 수 있습니다.

¹⁶⁻²¹ 악의를 가진 증인이 나타나서 어떤 사람에게 죄가 있다고 말하면, 다툼에 연루된 두 당사자는 **하나님** 앞에, 그 당시 직무를 맡은 제사장과 재판관들 앞에 서야 합니다. 재판관들은 철저하게 심문하여, 그 증인이 거짓 증인이고 자기 동족 이스라엘 자손에 대해 거짓 증언을 한 것이 드러나면, 그가 상대에게 주려고 했던 것과 똑같은 벌을 그에게 주어야 합니다. 여러분의 공동체에서 더러운 악을 말끔히 쓸어 버리십시오. 그러면 백성이 여러분이 한 일을 듣고 마음에 깊이 새겨, 여러분 가운데서 그와 같은 악을 다시는 행하지 않을 것입니다. 그를 불쌍히 여기지 마십시오. 목숨에는 목숨으로, 눈에는 눈으로, 이에는 이로, 손에는 손으로, 발에는 발로 갚으십시오.

전쟁에 관한 법

20

¹⁻⁴ 여러분이 적과 싸우러 나가서 여러분보다 많은 수의 말과 전차와 군사를 보더라도, 그들을 두려워하여 움츠러들지 마십시오. 이집트에서 여러분을 이끌어 내신 **하나님** 여러분의 하나님께서 여러분과 함께 계십니다. 전투가 시작되려고 하면, 제사장을 앞에 내세워 전군에 말하게 하십시오. 제사장은 이렇게 말하십시오. "이스라엘 여러분, 들으십시오. 잠시 후 여러분은 적과 전투를 벌일 것입니다. 전의가 꺾이지 않게 하십시오. 두려워하지 마십시오. 주저하지 마십시오. 침착하십시오. **하나님** 여러분의 하나님께서 여러분과 함께 계시면서, 여러분과 더불어 적과 싸워 승리하실 것입니다."

⁵⁻⁷ 그 다음에는 장교들을 내세워 전군에 말하게 하십시오. "새 집을 짓고서 아직 준공식을 하지 못한 사람이 이 자리에 있습니까? 그런 사람이 있으면 지금 당장 집으로 돌아가십시오. 그가 싸우다 죽어서, 다른 사람이 준공식을 거행하는 일이 없게 하십시오. 포도밭을 일구어 놓고서 아직 포도를 맛보지 못한 사람이 있습니까? 그런 사람이 있으면 지금 당장 집으로 돌아가십시오. 그가 싸우다 죽어서, 다른 사람이 그 포도를 맛보는 일이 없게 하십시오. 약혼하고서 아직 아내를 맞아들이지 못한 사람이 있습니까? 그런 사람이 있으면 지금 당장 집으로 돌아가십시오. 그가 싸우다 죽어서, 다른 사람이 그 여자를 맞아들이는 일이 없게 하십시오."

⁸ 장교들은 또 이렇게 말하십시오. "전의가 꺾여 두려운 사람이 이 자리에 있습니까? 그런 사람이 있으면 지금 당장 집으로 돌아가십시오. 그래야 그의 동료들이 그의 소심하고 겁 많은 모습에 영향을 받지 않을 것입니다."

⁹ 장교들은 전군에 할 말을 마쳤으면 지휘관들을 임명하여 부대별로 소집하게 하십시오.

¹⁰⁻¹⁵ 여러분이 어떤 성읍에 다가가 공격하고자 할 때에는, 먼저 "평화를 원합니까?" 하고 큰소리로 말하십시오. 그들이 "평화를 원합니다!" 하고 여러분에게 성읍을 개방하면, 그곳 사람들을 강제노역자로 삼아 여러분을 위해 일하게 하십시오. 그러나 그들이 평화 제안을 받아들이지 않고 전쟁을 고집하면, 곧바로 공격하십시오. **하나님** 여러분의 하나님께서 그들을 여러분의 손에 넘겨주실 것이니, 거기 있는 모든 남자를 칼로 쳐죽이십시오. 그러나 여자와 아이와 가축은 죽이지 마십시오. 성읍 안에 있는 모든 것은 전리품으로 취하여, 여러분이 먹고 사용해도 됩니다. 그것은 **하나님** 여러분의 하나님께서 여러분에게 주시는 것입니다. 여러분에게서 멀리 떨어져 있는 성읍들, 곧 여러분 주변의 민족들에게 속하지 않은 성읍들은 이런 식으로 처리하십시오.

¹⁶⁻¹⁸ 그러나 **하나님** 여러분의 하나님께서 여러분에게 유산으로 주시는 민족들의 성읍은 경우가 다릅니다. 그들은 한 사람도 살려 두지 마십시오. 그들을 거룩한 진멸의 제물로

삼으십시오. **하나님** 여러분의 하나님께서 명령하신 대로, 헷 사람, 아모리 사람, 가나안 사람, 브리스 사람, 히위 사람, 여부스 사람을 진멸하십시오. 그렇게 해야 그들이 자기 신들과 어울리며 행하던 역겨운 짓을 여러분에게 가르쳐서, 여러분이 **하나님** 여러분의 하나님께 죄를 짓게 되는 일이 없을 것입니다.

¹⁹⁻²⁰ 여러분이 어떤 성읍을 공격하러 올라가 오랫동안 포위하고 있을 때, 도끼를 휘둘러 나무를 쓰러뜨리는 일이 없게 하십시오. 그 나무들은 여러분이 장차 먹을 양식이니 베지 마십시오. 그 나무들이 군사들처럼 무기를 들고 여러분과 맞서 싸우러 올 리는 없지 않습니까? 그러나 열매를 맺지 않는 나무는 예외입니다. 그런 나무는 베어서, 여러분에게 저항하는 성읍을 함락하기까지, 그 성읍을 포위하고 공격하는 데 필요한 병기 재료로 사용하십시오.

21 ¹⁻⁸ **하나님** 여러분의 하나님께서 여러분에게 주신 땅에서 들에 방치된 주검이 발견되었는데, 누가 그를 죽였는지 아무도 알지 못할 경우, 여러분의 지도자와 재판관들이 나가서 그 주검이 있는 곳에서부터 인근 성읍들에 이르는 거리를 재어야 합니다. 그 주검에서 가장 가까운 성읍의 지도자와 재판관들은 아직 부린 적도 없고 멍에를 멘 적도 없는 암송아지 한 마리를 끌고 오십시오. 지

도자들은 물이 흐르는 골짜기, 땅을 갈아엎거나 씨를 뿌린
적이 없는 골짜기로 암송아지를 끌고 가서 그 목을 꺾으십
시오. 그런 다음 레위인 제사장들이 나서십시오. 그들은 **하
나님**께서 택하셔서 이런 일과 관련해 그분을 섬기고, 법적
소송과 폭력 범죄를 수습하며, **하나님**의 이름으로 축복을
선언하는 일을 맡은 사람들입니다. 마지막으로, 그 주검에
서 가장 가까운 성읍의 지도자들 모두가 물가에서 목이 꺾
인 암송아지 위에서 손을 씻고 이렇게 말하십시오. "우리는
이 사람을 죽이지 않았고, 누가 이 사람을 죽였는지도 모릅
니다. **하나님**, 주께서 속량하신 주의 백성 이스라엘을 정결
하게 해주십시오. 주의 백성 이스라엘을 이 살인죄에서 깨
끗하게 해주십시오."

8-9 그러면 이스라엘은 그 살인에 대한 책임을 벗게 될 것입니
다. 이 절차를 따름으로써 여러분은 그 살인에 관여했다
는 의혹에서 벗어날 것입니다. 여러분이 **하나님** 보시기에
옳은 일을 했기 때문입니다.

10-14 여러분이 적과 싸우러 나갈 때에 **하나님** 여러분의 하나
님께서 여러분에게 승리를 안겨 주셔서 포로를 사로잡았는
데, 여러분이 그 포로들 가운데 아름다운 여자를 보고 마음
이 끌려 그 여자와 결혼하고 싶을 경우, 여러분은 이렇게 하
십시오. 그 여자를 집으로 데려가, 머리를 손질하고 손톱을

깎고 포로로 잡혔을 때 입고 있던 옷을 벗어 버리게 하십시오. 그 여자는 한 달 동안 여러분의 집에 머물면서 자기 부모를 생각하며 애도해야 합니다. 그런 다음에야 여러분은 그 여자와 잠자리를 같이하여 부부가 될 수 있습니다. 그 여자가 여러분의 마음에 들지 않으면, 그녀를 놓아주어 원하는 곳 어디서든 살게 해야 합니다. 그 여자를 팔거나 종으로 부려서는 안됩니다. 여러분이 그 여자를 욕되게 했기 때문입니다.

15-17 어떤 남자에게 두 아내가 있는데, 한 아내는 사랑을 받고 다른 아내는 미움을 받다가 둘 다 그 남자의 아들을 낳았습니다. 이때 미움받는 아내의 아들이 맏아들인 경우, 그 남자는 자기 아들들에게 유산을 나누어 줄 때, 진짜 맏아들인 미움받는 아내의 아들을 제쳐 두고 사랑받는 아내의 아들을 맏아들로 대해서는 안됩니다. 그는 미움받는 아내의 아들, 곧 진짜 맏아들의 상속권을 인정하여 자기 유산에서 두 배의 몫을 그에게 주어야 합니다. 그 아들이 생식능력의 첫 번째 증거이므로, 맏아들의 권리는 그에게 있습니다.

18-20 어떤 사람에게 부모의 말을 전혀 듣지 않고 반항하는 고집 센 아들이 있어, 부모가 아무리 타일러도 말을 듣지 않

을 경우, 부모는 그를 강제로라도 성문에 있는 지도자들 앞
으로 끌고 가서, "우리 아들 녀석은 고집 센 반항아입니다.
우리가 하는 말을 한 마디도 들으려 하지 않습니다. 게다가
먹보이고 술꾼입니다" 하고 말하십시오.

²¹ 그러면 성읍의 모든 사람이 그에게 돌을 던져 죽여야 합
니다. 여러분은 여러분 가운데서 더러운 악을 말끔히 제거
해야 합니다. 온 이스라엘이 그 일어난 일을 듣고 두려워할
것입니다.

²²⁻²³ 어떤 사람이 죽을죄를 지어서 사형 선고를 받고 처형되
어 나무에 매달린 경우, 그의 주검을 밤새도록 나무에 매달
아 두지 마십시오. 그날로 무덤에 안장하여, 여러분의 **하나
님**께서 주신 땅을 더럽히는 일이 없게 하십시오. 사형당해
나무에 매달린 사람은 하나님을 욕되게 하기 때문입니다.

22

¹⁻³ 동족의 소나 양이 줄이 풀려 돌아다니는 것을
보거든, 못 본 척 고개를 돌리지 마십시오. 그
짐승을 본래 있던 자리로 즉시 돌려보내십시오. 여러분의
동족 이스라엘 사람이 가까이에 없거나 여러분이 그 짐승의
주인을 알지 못하겠거든, 그 짐승을 집으로 끌고 가서 잘 보
살피십시오. 그러다가 여러분의 동족이 그 짐승에 대해 물

어 오면, 그때 그에게 돌려주십시오. 여러분의 동족 이스라엘 사람이 나귀든 옷가지든 그 무엇을 잃어버리든지, 그렇게 하십시오. 못 본 척 고개를 돌리지 마십시오.

4 동족의 나귀나 소가 상처를 입어 길가에 쓰러져 있는 것을 보거든, 못 본 척 고개를 돌리지 마십시오. 여러분의 동족을 거들어 그 짐승을 일으켜 주십시오.

5 여자가 남자 옷을 입어서는 안되고, 남자가 여자 옷을 입어서도 안됩니다. 이런 것은 **하나님** 여러분의 하나님께 역겨운 짓입니다.

6-7 여러분이 길을 가다가 나무나 땅에서 새의 둥지를 발견했는데, 어미새가 새끼나 알을 품고 있는 경우, 새끼를 품고 있는 어미새는 잡지 마십시오. 새끼는 잡아도 되지만 어미새는 날려 보내십시오. 그래야 여러분이 오래도록 잘 살게 될 것입니다.

8 새로 집을 짓거든, 지붕 둘레에 난간을 설치하여 안전하게 하십시오. 그래야 누군가 떨어져 죽는 일이 없고, 여러분의 집이 사망 사고를 책임지는 일도 없을 것입니다.

9 여러분의 포도밭에 두 종자의 씨를 섞어서 뿌리지 마십시오. 그럴 경우, 여러분이 뿌린 곡식과 포도밭의 수확물 전체

를 잃게 될 것입니다.

¹⁰ 소와 나귀를 한 멍에에 메워 밭을 갈지 마십시오.

¹¹ 양털과 모시실을 섞어 짠 옷을 입지 마십시오.

¹² 몸에 걸치는 겉옷의 네 귀퉁이에 술을 만들어 다십시오.

¹³⁻¹⁹ 어떤 남자가 여자와 결혼하여 잠자리를 같이하고 나서, 갑자기 그 여자를 난잡한 여자라 욕하면서 "내가 이 여자와 결혼하여 잠자리를 같이하고 보니 처녀가 아니었다" 하고 누명을 씌울 경우, 그 여자의 부모는 그 여자가 처녀였다는 증거물을 가지고 그 여자와 함께 성문에 있는 지도자들에게 가야 합니다. 그런 다음, 그 여자의 아버지는 지도자들에게 이렇게 말해야 합니다. "내가 내 딸을 이 남자에게 아내로 주었는데, 그가 갑자기 내 딸을 욕하며 내쳤습니다. 그리고 이제는 내 딸이 처녀가 아니었다고 비방하고 있습니다. 하지만 이것을 보십시오. 내 딸이 처녀였다는 증거가 여기 있습니다." 그러고는 지도자들 앞에 그 여자의 피 묻은 결혼 예복을 펴 놓아, 확인할 수 있게 해야 합니다. 그러면 성읍의 지도자들은 그 남편을 붙잡아 매질하고 그에게 은화 백 개를 벌금으로 부과하여, 그것을 받아 그 여자의 아버지에게 주어야 합니다. 그 남자가 이스라엘의 처녀에게 누명을

씌웠기 때문입니다. 그는 그 여자를 아내로 데리고 있어야 하며, 결코 이혼해서는 안됩니다.

20-21 그러나 그의 주장이 사실로 드러나고 그 여자가 처녀였다는 증거가 없으면, 성읍의 남자들이 그 여자를 그 아버지의 집 문 앞으로 끌어내어 돌로 쳐서 죽여야 합니다. 그 여자가 이스라엘 가운데서 수치스러운 일을 하여, 자기 부모의 집에 있을 때에 창녀처럼 살았기 때문입니다. 이렇게 여러분은, 여러분 가운데서 악을 제거해 버리십시오.

22 어떤 남자가 다른 남자의 아내와 잠자리를 같이하다가 발각된 경우, 둘 다 죽여야 합니다. 이스라엘 가운데서 그런 악을 제거해 버리십시오.

23-24 어떤 남자가 이미 한 남자와 약혼한 처녀를 성읍 안에서 만나 잠자리를 같이한 경우, 그 두 사람을 성문으로 끌고 가 돌로 쳐서 죽여야 합니다. 그 여자는 성읍 안에 있으면서도 도와 달라고 소리치지 않았기 때문이고, 그 남자는 자기 이웃의 약혼녀를 범했기 때문입니다. 이렇게 여러분은, 여러분 가운데서 악을 제거해 버리십시오.

25-27 그러나 그 남자가 약혼한 여자를 들에서 보고 덮쳐 범했으면, 여자를 범한 남자만 죽여야 합니다. 여자는 잘못한 게 없으니, 그 여자에게는 어떠한 벌도 주지 마십시오. 이는 어떤 사람이 들에서 자기 이웃을 만나 살해한 것과 같은 경우입니다. 약혼한 그 여자가 도와 달라고 고함을 질렀어도, 그 소리를 듣고 구해 줄 사람이 주위에 없었기 때문입니다.

²⁸⁻²⁹ 어떤 남자가 약혼한 적이 없는 처녀를 만나 그녀를 덮쳐 범하다가 두 사람이 발견되었으면, 여자를 범한 남자는 그 여자의 아버지에게 은화 오십 개를 주어야 합니다. 그는 그 여자를 욕보였으므로 그 여자와 결혼해야 하며, 결코 이혼해서는 안됩니다.

³⁰ 아무도 자기 아버지의 전처와 결혼해서는 안됩니다. 그런 짓은 자기 아버지의 권리를 범하는 것입니다.

23

¹ 거세된 남자는 **하나님**의 회중에 들 수 없습니다. ² 사생아는 **하나님**의 회중에 들 수 없고, 그의 자손도 십 대에 이르기까지 회중에 들 수 없습니다.

³⁻⁶ 암몬 사람이나 모압 사람은 **하나님**의 회중에 들 수 없고, 그들의 자손도 십 대에 이르기까지 회중에 들 수 없습니다. 여러분이 이집트에서 나올 때에 그들은 여러분을 환대하지 않았고, 게다가 여러분을 저주하려고 브올의 아들 발람을 고용하여 메소포타미아의 브돌에서 그를 데려왔기 때문입니다. **하나님** 여러분의 하나님께서는 발람의 말을 듣지 않으시고, 오히려 저주를 복으로 바꾸어 주셨습니다. **하나님** 여러분의 하나님께서 여러분을 얼마나 사랑하시는지요! 그러니 절대로 그들과 어울리려고 하거나, 그들을 위해 어떠한 일을 하려고 하지 마십시오.

⁷ 에돔 사람을 경멸하지 마십시오. 그들은 여러분의 친족입니다.

이집트 사람을 경멸하지 마십시오. 여러분은 그들의 땅에서 외국인이었습니다.

⁸ 에돔 사람과 이집트 사람에게서 삼 대 자손으로 태어난 사람은 **하나님**의 회중에 들 수 있습니다.

⁹⁻¹¹ 여러분이 적과 싸우러 나가 진을 치고 있을 때, 부정한 일을 하지 않도록 스스로 조심하십시오. 여러분 가운데 한 사람이 밤에 정액을 흘려 부정하게 되었으면, 그는 진 밖으로 나가서 저녁때까지 그곳에 머물러야 합니다. 그는 오후 늦게야 몸을 씻고 해가 질 무렵에 진으로 돌아올 수 있습니다.

¹²⁻¹⁴ 용변을 볼 수 있게 진 밖에 변소를 마련하십시오. 그곳에 갈 때는 무기 외에 막대기를 가지고 가서, 용변을 본 뒤에 막대기로 땅을 파고 배설물을 덮으십시오. **하나님** 여러분의 하나님께서 여러분을 구원하시고, 적들과의 싸움에서 여러분에게 승리를 안겨 주시려고 여러분의 진을 두루 거니시기 때문입니다. 그러니 여러분은 진을 거룩한 상태로 유지하십시오. **하나님**의 눈에 거슬리는 상스러운 것이나 역겨운 것을 용납하지 마십시오.

❊

15-16 도망쳐 나온 종을 그 주인에게 돌려보내지 마십시오. 그가 피신하려고 여러분에게 왔기 때문입니다. 그가 여러분의 성읍 안에서 원하는 곳에 자리를 잡고 살게 해주십시오. 그를 부려 먹지 마십시오.

17-18 이스라엘의 딸은 신전의 창녀가 되어서는 안됩니다. 이스라엘의 아들도 신전의 남창이 되어서는 안됩니다. 신전의 창녀가 매춘으로 번 돈이나 신전의 남창이 번 소득은 서원을 갚는 돈으로 **하나님**의 집에 가져오지 마십시오. 이 두 가지는 모두 **하나님** 여러분의 하나님께서 역겨워하시는 것입니다.

19-20 여러분의 친족에게 꾸어 준 것이 있거든 이자를 받지 마십시오. 돈이든 양식이든 옷이든, 이자를 받을 수 있는 그 어떤 것에도 이자를 받지 마십시오. 외국인에게는 이자를 받아도 되지만, 여러분의 형제에게는 이자를 받아서는 안됩니다. 그래야 **하나님** 여러분의 하나님께서 여러분이 하는 모든 일과, 여러분이 들어가 차지할 땅에 복을 주실 것입니다. 21-23 **하나님** 여러분의 하나님께 서원한 것은 미루지 말고 지키십시오. **하나님** 여러분의 하나님께서는 여러분이 서원한 것을 지키기를 기대하십니다. 여러분이 서원을 지키지 않았

으면, 여러분에게 죄가 됩니다. 하지만 애초에 서원하지 않았으면, 죄가 될 일도 없습니다. 여러분이 무엇을 하겠다고 말했으면, 그대로 행하십시오. 여러분이 자원해서 **하나님** 여러분의 하나님께 서원한 것은 반드시 지키십시오. 약속했으면, 그 약속을 지켜야 합니다.

24-25 이웃의 포도밭에 들어가서 포도를 원하는 만큼 배불리 먹는 것은 괜찮지만, 양동이나 가방에 조금이라도 담아서는 안됩니다. 이웃의 무르익은 곡식밭을 지나갈 때에 곡식 이삭을 따는 것은 괜찮지만, 낫을 대서는 안됩니다.

24

1-4 어떤 남자가 한 여자와 결혼했는데, 그 여자에게 부정한 것이 있음을 알게 되어 그 여자에게서 마음이 떠난 경우, 그는 이혼 증서를 써서 그 여자의 손에 쥐어 주고 그녀를 내보낼 수 있습니다. 그 여자가 그의 집을 떠나 다른 남자의 아내가 되었는데, 두 번째 남편도 그 여자를 싫어하여 이혼 증서를 써서 그 여자의 손에 쥐어 주고 내보냈거나 그 두 번째 남편이 죽은 경우, 그 여자를 내보낸 첫 번째 남편은 그 여자를 다시 아내로 맞아들여서는 안됩니다. 그 여자가 이미 자신을 더럽혔으므로, 첫 번째 남편과 다시 결혼하는 것은 **하나님** 앞에 역겨운 일이며, **하나님** 여러분의 하나님께서 여러분에게 유산으로 주시는 땅을

죄로 더럽히는 일입니다.

⁵ 어떤 남자가 아내를 맞아들였으면, 그를 군대에 보내서도 안되고 어떤 의무를 그에게 지워서도 안됩니다. 그는 한 해 동안 집에 있으면서 자기 아내를 행복하게 해주어야 합니다.

⁶ 맷돌 전체나 그 위짝을 담보물로 잡지 마십시오. 그것은 누군가의 생명을 **빼앗는** 짓입니다.

⁷ 어떤 사람이 자기 동족 가운데 한 사람, 곧 이스라엘 백성 가운데 한 사람을 유괴하여 종으로 삼거나 팔아넘기다가 잡혔을 경우, 그를 반드시 죽여야 합니다. 여러분 가운데서 그런 악을 제거해 버리십시오.

⁸⁻⁹ 경고합니다! 악성 피부병이 발생한 경우, 레위인 제사장들이 적어 주는 규례를 정확히 따르십시오. 내가 그들에게 명령한 규례를 철저히 지키십시오. 여러분이 이집트에서 나오는 길에 **하나님** 여러분의 하나님께서 미리암에게 하신 일을 잊지 마십시오.

¹⁰⁻¹³ 이웃에게 무엇을 꾸어 줄 경우, 담보물을 잡으려고 그의 집에 들어가지 마십시오. 여러분은 밖에서 기다리고, 여러분에게 담보를 제공하는 사람이 담보물을 가지고 밖으로 나오게 하십시오. 그가 가난한 사람이면, 그의 겉옷을 덮고

자지 마십시오. 해가 질 무렵에는 그것을 돌려주어, 그가 자기 겉옷을 덮고 자면서 여러분을 축복할 수 있게 하십시오. 그렇게 하는 것이 **하나님** 여러분의 하나님께서 보시기에 의로운 행위입니다.

14-15 가난하고 궁핍한 노동자를 착취하지 마십시오. 그가 여러분의 땅, 여러분의 성읍에 사는 사람이면, 동족이든 아니든 그를 착취해서는 안됩니다. 하루 일을 마칠 때면 반드시 그에게 품삯을 주십시오. 그는 하루 벌어 하루 먹고 사는 처지여서, 당장 그 품삯을 받지 못하면 살 수 없기 때문입니다. 여러분이 품삯 지급을 미루면 그가 **하나님**께 이의를 제기할 것이고, 그러면 그것이 여러분의 죄로 남을 것입니다.

16 부모가 자식을 대신하여 사형을 당해서는 안되고, 자식이 부모를 대신하여 사형을 당해서도 안됩니다. 누구나 자기 죄로만 사형을 당해야 합니다.

17-18 외국인과 고아가 정당한 권리를 누릴 수 있게 하십시오. 과부의 겉옷을 담보물로 잡지 마십시오. 여러분도 전에는 이집트 땅에서 종이었으며, **하나님** 여러분의 하나님께서 여러분을 그곳에서 이끌어 내셨음을 절대로 잊지 마십시오. 여러분에게 명령합니다. 내가 여러분에게 일러 주는 대로 행하십시오.

¹⁹⁻²² 여러분이 곡식을 수확하다가 곡식 한 단을 잊어버리고
왔을 경우, 그것을 가지러 되돌아가지 마십시오. 외국인과
고아와 과부를 위해 그것을 남겨 두십시오. 그러면 **하나님**
여러분의 하나님께서 여러분이 하는 모든 일에 복을 주실
것입니다. 여러분이 올리브나무를 흔들어 그 열매를 떨어낼
때, 이미 떨어낸 나무로 다시 가서 남은 열매를 모조리 떨어
내는 일이 없게 하십시오. 그 남은 것은 외국인과 고아와 과
부의 것입니다. 여러분이 여러분의 포도밭에서 포도송이를
딸 때, 가지에 마지막 남은 포도송이까지 따지 마십시오. 외
국인과 고아와 과부를 위해 몇 송이라도 남겨 두십시오. 여
러분이 전에 이집트 땅에서 종이었던 것을 절대로 잊지 마
십시오. 여러분에게 명령합니다. 내가 여러분에게 일러 주
는 대로 행하십시오.

25

¹⁻³ 사람들 사이에 법적 소송이 일어날 경우, 그
들을 법정으로 보내십시오. 재판관은 그들 사이
를 재판하여, 한쪽에는 무죄를 선고하고 다른 한쪽에는 유
죄를 선고하십시오. 유죄를 선고받은 사람이 벌을 받아야
하면, 재판관은 그를 자기 앞에 엎드리게 하고, 그의 죄에
해당하는 만큼 매를 맞게 해야 합니다. 그러나 마흔 대 이상
맞게 하지는 마십시오. 그렇게 하는 것은 그를 인간 이하의
존재로 대하는 것입니다.

⁴ 타작 일을 하는 소의 입에 망을 씌우지 마십시오.

⁵⁻⁶ 형제들이 함께 살다가 그 가운데 한 사람이 아들 없이 죽은 경우, 그 죽은 사람의 아내는 다른 집안 남자와 결혼해서는 안됩니다. 남편의 형제가 그 여자와 결혼하여 자신의 의무를 다해야 합니다. 그 여자가 낳은 첫아들은 죽은 남편의 이름으로 지어, 그 이름이 이스라엘에서 없어지지 않게 해야 합니다.

⁷⁻¹⁰ 그러나 그 형제가 자기 형제의 아내와 결혼하기를 원하지 않으면, 그 여자는 성문에 있는 지도자들에게 가서 이렇게 말해야 합니다. "내 남편의 형제가 자기 형제의 이름을 이스라엘 가운데서 이어 주려고 하지 않습니다. 그의 의무를 나에게 이행할 마음이 없는 것 같습니다." 그러면 지도자들은 남편의 형제를 불러 꾸짖어야 합니다. 그래도 그가 듣지 않고 "나는 저 여인을 원하지 않습니다" 하고 말하면, 그 형제의 아내는 그의 발에서 신발을 벗긴 다음, 그의 얼굴에 침을 뱉고 이렇게 말해야 합니다. "자기 형제의 집안을 일으켜 세우려고 하지 않는 자에게는 이런 일이 일어난다. 이스라엘에서 그의 이름은 '신발 없는 자의 집안'이 될 것이다!"

¹¹⁻¹² 두 남자가 싸울 때에 한쪽 남자의 아내가 남편을 구하려다 그만 남편을 때리는 사람의 성기를 움켜잡은 경우, 여러분은 그 여인의 손을 잘라 버려야 합니다. 그녀를 조금도

불쌍히 여기지 마십시오.

13-16 두 개의 추, 곧 무거운 추와 가벼운 추를 함께 가지고 다니지 마십시오. 또한 큰 되와 작은 되를 함께 두지 마십시오. 추는 정확하고 바른 것으로 하나만 사용하고, 되도 정확하고 바른 것으로 하나만 사용하십시오. 그러면 **하나님** 여러분의 하나님께서 여러분에게 주시는 땅에서 여러분이 오래도록 살 것입니다. **하나님** 여러분의 하나님께서는 추와 되를 가지고 눈속임하는 것을 몹시 싫어하십니다. 거래에서 이루어지는 모든 불법 행위를 역겨워하십니다!

17-19 여러분이 이집트에서 나온 뒤에 아말렉이 여러분의 여정에서 어떻게 했는지 잊지 마십시오. 그들은 여러분이 지쳐서 한 발짝도 더 내딛지 못할 때에 여러분 뒤에 처진 사람들을 무자비하게 베어 죽이고, **하나님**마저 무시했습니다. **하나님** 여러분의 하나님께서 여러분에게 차지하라고 유산으로 주시는 땅에서 친히 여러분 주위의 모든 적을 물리치고 여러분에게 안식을 주실 때, 여러분은 이 땅에서 아말렉이라는 이름을 지워 버려야 합니다. 이것을 잊지 마십시오!

첫 열매, 십일조

26 1-5 여러분이 **하나님** 여러분의 하나님께서 여러분에게 유산으로 주시는 땅에 들어가 그곳을 차

지하고 자리를 잡게 되면, **하나님** 여러분의 하나님께서 여러분에게 주신 땅에서 거둔 모든 첫 열매 가운데 얼마를 가져다가 바구니에 담아, **하나님** 여러분의 하나님께서 예배받으시려고 따로 정해 주신 곳으로 가야 합니다. 그때에 그곳에 있는 제사장에게 가서, "**하나님**께서 우리에게 주시겠다고 우리 조상에게 약속하신 땅에 내가 들어온 것을, 오늘 **하나님** 당신의 하나님께 아룁니다" 하고 말하십시오. 제사장이 여러분에게서 바구니를 받아 **하나님**의 제단 위에 놓으면, 여러분은 **하나님** 여러분의 하나님 앞에서 이렇게 아뢰십시오.

5-10 내 조상은 방랑하는 아람 사람으로,
이집트로 내려가 거기서 나그네로 살았습니다.
처음에는 그와 몇 안되는 형제들이 전부였지만
이내 그들은 크고 강하고, 수가 많은 민족이 되었습니다.
그러자 이집트 사람들이 우리를 학대하고 때리며
무자비하고 잔혹하게 종살이를 시켰습니다.
우리가 **하나님** 우리 조상의 하나님께 울부짖자,
그분께서 우리의 소리를 들으시고
우리의 궁핍과 곤경과 비참한 처지를 보셨습니다.
하나님께서는 강한 손과 펴신 팔,
큰 위엄과 표적과 이적으로
우리를 이집트에서 이끌어 내셨습니다.

우리를 이곳으로 데리고 오셔서,
우리에게 젖과 꿀이 흐르는 이 땅을 주셨습니다.
그래서 내가 이 자리에 서게 된 것입니다. 오 **하나님**,
하나님께서 내게 주신 이 땅에서 재배한 첫 열매를 가져
왔습니다.

10-11 그런 다음 가져온 것을 **하나님** 여러분의 하나님 앞에
놓고, **하나님** 여러분의 하나님 앞에 엎드리십시오. 그리고
기뻐하십시오! **하나님** 여러분의 하나님께서 여러분과 여러
분의 집안에 베푸신 온갖 좋은 것으로 경축하십시오. 여러
분과 레위인과 여러분과 함께 사는 외국인이 한데 어우러져
잔치를 벌이십시오.

❧

12-14 삼 년마다 십일조를 바치는 해가 되면, 여러분이 거둔
곡식에서 십분의 일을 떼어 레위인과 외국인과 고아와 과부
에게 주어, 그들이 여러분의 성읍에서 배불리 먹게 하십시
오. 그런 다음, **하나님** 여러분의 하나님 앞에서 이렇게 아뢰
십시오.

나는 거룩한 몫을 가져다가
레위인과 외국인과 고아와 과부에게 주었습니다.
나는 주께서 명령하신 대로 행했습니다.

주신 명령을 회피하지 않았고
하나도 잊지 않았습니다.
애도할 때에 그 거룩한 몫을 먹지 않았고
부정한 상태일 때에는 그것을 떼어 놓지 않았으며
장례식에 쓰지도 않았습니다.
나는 **하나님**의 말씀을 순종하는 마음으로 듣고
주께서 내게 명령하신 대로 살았습니다.

¹⁵ 하늘에 있는 주의 거룩한 집에서 굽어 살펴 주십시오!
주의 백성 이스라엘에게 복을 내려 주시고
주께서 우리 조상에게 약속하신 대로, 우리에게 주신 땅,
젖과 꿀이 흐르는 이 땅에도 복을 내려 주십시오.

❧

¹⁶⁻¹⁷ 바로 오늘 **하나님** 여러분의 하나님께서 이 규례와 법도를 지키라고, 온 마음을 다해 그것을 지켜 행하라고 여러분에게 명령하십니다. 여러분은 오늘 **하나님**께서 여러분의 하나님이심을 선언했고, 그분께서 여러분에게 지시하시는 대로 살겠다고 새롭게 맹세했습니다. 그러니 그분께서 규례와 법도와 계명으로 여러분에게 일러 주시는 것을 지켜 행하고, 그분의 말씀을 순종하는 마음으로 들으십시오.
¹⁸⁻¹⁹ **하나님**께서는 친히 약속하신 대로, 오늘 여러분을 그분의 소중한 보배로 받아들이시고, 그분의 계명을 지키는 백

성, 손수 만드신 다른 모든 민족들 위에 높이 세워진 백성,
칭찬을 받으며 명성과 영예를 얻는 백성이 되게 하시겠다고
거듭 단언하셨습니다. 그분께서 약속하신 대로, 여러분은
하나님 여러분의 하나님께 거룩한 백성입니다.

돌에 새겨 기록한 말씀

27 ¹⁻³ 모세가 이스라엘의 지도자들과 백성에게 명령했다. 여러분은 내가 오늘 여러분에게 명령하는 모든 계명을 지키십시오. 요단 강을 건너, **하나님** 여러분의 하나님께서 여러분에게 주시는 땅에 들어가는 날, 여러분은 큰 돌들을 세우고 거기에 회반죽을 입히십시오. 강을 건너자마자, 이 모든 계시의 말씀을 그 돌들 위에 기록하십시오. 그러면 여러분은 **하나님** 여러분의 하나님께서 여러분에게 주시는 땅, **하나님** 여러분의 조상의 하나님께서 여러분에게 약속하신 젖과 꿀이 흐르는 땅에 들어가게 될 것입니다.

⁴⁻⁷ 요단 강을 건너가거든, 이 돌들을 에발 산에 세우고 거기에 회반죽을 입히십시오. 그곳 산 위에 **하나님** 여러분의 하나님을 위해 돌로 제단을 쌓으십시오. 그 돌들에 쇠 연장을 대지 마십시오. 다듬지 않은 돌로 **하나님** 여러분의 하나님을 위해 제단을 쌓고, 그 위에 **하나님** 여러분의 하나님께 번제를 드리십시오. 화목 제물을 드리고 거기서 먹으면서, **하나님** 여러분의 하나님 앞에서 기뻐하십시오.

8 여러분은 이 모든 계시의 말씀을, 그 돌들 위에 분명하게 기록하고 새기십시오.

에발 산에서 선포한 저주

9-10 모세와 레위인 제사장들이 온 이스라엘에게 선포했다. 조용히 하십시오. 이스라엘 여러분, 잘 들으십시오. 바로 오늘 여러분은 **하나님** 여러분의 하나님의 백성이 되었습니다. **하나님** 여러분의 하나님께서 하시는 말씀을 잘 들으십시오. 내가 오늘 여러분에게 명령하는 그분의 계명과 법도를 지키십시오.

11-13 그날 모세가 명령했다. 여러분이 요단 강을 건넌 뒤에, 백성을 축복하기 위해 그리심 산에 서야 할 지파는 시므온 지파, 레위 지파, 유다 지파, 잇사갈 지파, 요셉 지파, 베냐민 지파입니다. 그리고 저주하기 위해 에발 산에 서야 할 지파는 르우벤 지파, 갓 지파, 아셀 지파, 스불론 지파, 단 지파, 납달리 지파입니다.

14-26 레위인들은 대변인 역을 맡아 큰소리로 이스라엘에게 이렇게 선포하십시오.

"**하나님**께서 역겨워하시는 신상을 새기거나 부어 만드는 자, 장인이 만든 신상을 은밀한 곳에 세워 두는 자는 **하나님**의 저주를 받습니다" 하면
온 백성이 "예, 물론입니다" 하고 응답하십시오.

"부모 얼굴에 먹칠하는 자는 **하나님**의 저주를 받습니다"
하면
온 백성이 "예, 물론입니다" 하고 응답하십시오.
"이웃의 경계표를 옮기는 자는 **하나님**의 저주를 받습니다" 하면
온 백성이 "예, 물론입니다" 하고 응답하십시오.
"눈먼 사람을 잘못된 길로 인도하는 자는 **하나님**의 저주를 받습니다" 하면
온 백성이 "예, 물론입니다" 하고 응답하십시오.
"외국인과 고아와 과부의 정당한 권리를 침해하는 자는 **하나님**의 저주를 받습니다" 하면
온 백성이 "예, 물론입니다" 하고 응답하십시오.
"아버지의 아내와 동침하여 아버지의 여자를 욕보이는 자는 **하나님**의 저주를 받습니다" 하면
온 백성이 "예, 물론입니다" 하고 응답하십시오.
"짐승과 교접하는 자는 **하나님**의 저주를 받습니다" 하면
온 백성이 "예, 물론입니다" 하고 응답하십시오.
"아버지의 딸이든 어머니의 딸이든 자기 누이와 동침하는 자는 **하나님**의 저주를 받습니다" 하면
온 백성이 "예, 물론입니다" 하고 응답하십시오.
"장모와 동침하는 자는 **하나님**의 저주를 받습니다" 하면
온 백성이 "예, 물론입니다" 하고 응답하십시오.
"이웃을 몰래 죽이는 자는 **하나님**의 저주를 받습니다" 하면

온 백성이 "예, 물론입니다" 하고 응답하십시오.

"뇌물을 받고 무고한 사람을 죽이는 자는 **하나님**의 저주를 받습니다" 하면

온 백성이 "예, 물론입니다" 하고 응답하십시오.

"이 계시의 말씀을 행하지 않는 자는 **하나님**의 저주를 받습니다" 하면

온 백성이 "예, 물론입니다" 하고 응답하십시오.

순종하여 받을 복

28 ¹⁻⁶ 여러분이 **하나님** 여러분의 하나님의 말씀을 잘 듣고, 내가 오늘 여러분에게 명령하는 그분의 모든 계명을 마음을 다해 지키면, **하나님** 여러분의 하나님께서 여러분을 세상 모든 민족 위에 높이 두실 것입니다. 여러분이 **하나님** 여러분의 하나님의 말씀에 응답했으므로, 이 모든 복이 여러분에게 내려서, 여러분 너머로 퍼져 나갈 것입니다.

하나님의 복이 도시에 내릴 것입니다.
하나님의 복이 시골에 내릴 것입니다.
하나님의 복이 여러분의 자녀에게
여러분의 땅에서 나는 곡식에
여러분이 기르는 가축의 새끼에게
여러분이 기르는 소의 새끼에게

여러분이 기르는 양의 새끼에게 내릴 것입니다.

하나님의 복이 여러분의 바구니와 **빵** 반죽 그릇에도 내릴
것입니다.

여러분이 들어와도 **하나님**의 복이 내리고

여러분이 나가도 **하나님**의 복이 내릴 것입니다.

7 여러분의 적들이 여러분을 공격해도, **하나님**께서 그들을
처부수실 것입니다. 그들이 여러분을 치러 한 길로 왔다가
일곱 길로 도망칠 것입니다.

8 **하나님**께서 명령하셔서, 여러분의 창고와 일터에 복이 넘
치게 하실 것입니다. **하나님** 여러분의 하나님께서 여러분에
게 주시는 땅에서, 여러분에게 복을 내리실 것입니다.

9 여러분이 **하나님** 여러분의 하나님의 계명을 지키고 그분
께서 여러분에게 보여주신 길을 따라 살면, **하나님** 여러분
의 하나님께서 약속하신 대로, 여러분을 거룩한 백성으로
만드실 것입니다.

10 땅 위의 모든 백성이 **하나님**의 이름 아래 살아가는 여러
분의 모습을 보고, 여러분을 크게 두려워할 것입니다.

11-14 **하나님**께서 여러분에게 좋은 것을 아낌없이 주실 것입
니다. **하나님**께서 여러분에게 주시겠다고 여러분의 조상에
게 약속하신 땅에서, 여러분의 태에서 태어나는 자녀와 여
러분이 보살피는 가축 새끼와 땅에서 나는 곡물을 아낌없이

주실 것입니다. **하나님**께서 하늘 금고의 문을 여셔서 여러분의 땅에 철 따라 비를 내리시고, 여러분이 손대는 일에 복을 내리실 것입니다. 여러분은 많은 민족들에게 빌려 주기는 해도, 여러분이 빌리지는 않을 것입니다. 내가 오늘 여러분에게 명령하는 **하나님**의 계명을 여러분이 잘 듣고 부지런히 지키면, **하나님**께서 여러분을 머리가 되게 하시고 꼬리가 되지 않게 하실 것이며, 여러분을 언제나 위에만 있고 아래에 있지 않게 하실 것입니다. 내가 오늘 여러분에게 명령하는 말에서 오른쪽으로나 왼쪽으로나 조금이라도 벗어나서, 다른 신들을 따라가거나 섬기는 일이 없게 하십시오.

불순종하여 받을 저주

15-19 여러분이 **하나님** 여러분의 하나님의 말씀을 잘 듣지 않고, 내가 오늘 명령하는 계명과 규례를 부지런히 지키지 않으면, 이 모든 저주가 여러분에게 쏟아져 내릴 것입니다.

> **하나님**의 저주가 도시에 내릴 것입니다.
> **하나님**의 저주가 시골에 내릴 것입니다.
> **하나님**의 저주가 여러분의 바구니와 빵 반죽 그릇에 내릴 것입니다.
> **하나님**의 저주가 여러분의 자녀에게
> 여러분의 땅에서 나는 곡식에
> 여러분이 기르는 가축의 새끼에게

여러분이 기르는 소의 새끼에게
여러분이 기르는 양의 새끼에게 내릴 것입니다.
여러분이 들어와도 **하나님**의 저주가 내리고
여러분이 나가도 **하나님**의 저주가 내릴 것입니다.

20 여러분이 하려고 하는 모든 일에 **하나님**께서 저주와 혼란과 역풍을 보내셔서, 마침내 여러분이 멸망하고 여러분에게 남은 것이 하나도 없게 하실 것입니다. 이것은 모두 여러분이 그분을 저버리고 악을 좇았기 때문입니다.

21 **하나님**께서 여러분을 질병에 걸리게 하셔서, 여러분이 들어가 차지할 땅에서 여러분을 쓸어버리실 것입니다.

22 **하나님**께서 여러분을 폐병과 열병과 발진과 발작과 탈수증과 마름병과 황달로 공격하실 것입니다. 그것들이 여러분을 따라다니며 괴롭히다가, 마침내 여러분을 죽게 할 것입니다.

23-24 여러분 머리 위에 있는 하늘은 쇠 지붕이 되고, 여러분이 딛고 선 땅은 콘크리트 덩어리가 될 것입니다. **하나님**께서 하늘에서 재와 먼지를 비처럼 내리셔서 여러분을 질식시키실 것입니다.

25-26 **하나님**께서 적의 공격을 통해 여러분을 치실 것입니다. 여러분은 그들을 치러 한 길로 갔다가 일곱 길로 도망칠 것입니다. 땅 위의 모든 나라가 여러분을 보고 혐오스럽게 여길 것입니다. 썩은 고기를 먹는 새와 짐승들이 여러분의 주

검을 마음껏 뜯어먹어도, 그것들을 쫓아 줄 사람이 없을 것입니다.

27-29 **하나님**께서 이집트의 종기와 치질과 옴과 난치성 가려움증으로 여러분을 모질게 치실 것입니다. 그분께서 여러분을 미치게 하시고, 눈멀게 하시고, 노망이 들게 하실 것입니다. 눈먼 자가 평생토록 어둠 속에서 길을 더듬는 것처럼 여러분은 대낮에도 길을 더듬게 되어, 여러분이 가려고 하는 곳에도 이르지 못할 것입니다. 여러분이 학대와 강탈을 당하지 않고 지나가는 날이 하루도 없을 것입니다. 하지만 아무도 여러분을 도와주지 않을 것입니다.

30-31 여러분이 여자와 약혼해도 다른 남자가 그 여자를 빼앗아 첩으로 삼을 것입니다. 여러분이 집을 지어도 그 집에서 살지 못하고, 정원을 가꾸어도 당근 한 뿌리 먹지 못할 것입니다. 여러분의 소가 도살되는 것을 보면서도 고기 한 조각 얻지 못할 것입니다. 여러분의 나귀를 눈앞에서 도둑맞아도 다시 찾지 못할 것입니다. 여러분의 양을 적들에게 빼앗겨도 여러분을 도우려고 나서는 사람이 없을 것입니다.

32-34 여러분이 아들딸을 외국인에게 빼앗기고 눈이 빠지도록 그들을 기다려도, 어찌해 볼 도리가 없을 것입니다. 여러분의 곡식과 여러분이 일해서 얻은 모든 것을 외국인이 먹어 치우고, 여러분은 학대와 구타를 당하며 남은 생애를 보내게 될 것입니다. 여러분의 눈에 보이는 것마다 여러분을 미치게 할 것입니다.

³⁵ **하나님**께서 여러분의 무릎과 다리를 치료할 수 없는 심한 종기로 치셔서, 머리끝부터 발끝까지 번지게 하실 것입니다. ³⁶⁻³⁷ **하나님**께서 여러분과 여러분이 세운 왕을 여러분과 여러분의 조상이 들어 보지도 못한 나라로 데려가실 것입니다. 거기서 여러분은 다른 신들, 곧 나무나 돌로 만들어져 신이라고 할 수 없는 것들을 섬기게 될 것입니다. **하나님**께서 데려가실 모든 민족 가운데서 여러분은 교훈거리와 웃음거리, 혐오의 대상이 되고 말 것입니다!

³⁸⁻⁴² 여러분이 밭에 자루째 씨를 뿌려도, 메뚜기들이 먹어 치워서 거둘 게 거의 없을 것입니다. 여러분이 포도밭을 일구고 풀을 뽑고 가지를 손질해도, 벌레들이 먹어 치워 포도주를 마시거나 저장하지 못할 것입니다. 도처에 올리브나무가 있어도, 그 열매가 다 떨어져 여러분의 얼굴과 손에 바를 기름이 없을 것입니다. 여러분이 아들딸을 낳아도, 그들이 여러분의 자녀로 오래 있지 못하고 포로로 잡혀갈 것입니다. 여러분의 모든 나무와 곡식을 메뚜기들이 차지하고 말 것입니다.

⁴³⁻⁴⁴ 여러분과 함께 사는 외국인은 여러분보다 점점 더 높이 올라가고, 여러분은 점점 깊은 구렁텅이 속으로 떨어질 것입니다. 그가 여러분에게 빌려 주어도, 여러분은 그에게 빌려 주지 못할 것입니다. 그는 머리가 되고, 여러분은 꼬리가 될 것입니다.

45-46 이 모든 저주가 여러분 위에 내려, 여러분에게 남은 것이 하나도 없게 될 때까지 여러분을 쫓아다니며 괴롭힐 것입니다. 이는 여러분이 **하나님** 여러분의 하나님의 말씀을 잘 듣지 않고, 내가 오늘 여러분에게 명령한 그분의 계명과 규례를 부지런히 지키지 않았기 때문입니다. 이 저주들은 여러분의 자손에게 영원토록 경고의 표징이 될 것입니다.

47-48 모든 것이 풍족한데도 여러분이 **하나님** 여러분의 하나님을 기쁘고 즐거운 마음으로 섬기지 않은 탓에, 여러분은 **하나님**께서 여러분을 대적하라고 보내시는 여러분의 원수들을 섬기며, 굶주림과 목마름과 누더기와 비참함 속에서 살게 될 것입니다. 그분께서 여러분의 목에 쇠멍에를 메워, 마침내 여러분을 멸망시키실 것입니다.

49-52 그렇습니다. **하나님**께서는 여러분을 대적하도록 먼 곳에서 한 민족을 일으키셔서, 독수리처럼 여러분을 덮치게 하실 것입니다. 여러분이 알아듣지 못하는 언어를 쓰고 험상궂게 생긴 그들은, 늙은 여자와 갓난아이를 가리지 않고 학대하는 민족입니다. 그들은 여러분이 기르는 가축의 새끼와 여러분의 밭에서 나는 곡식을 약탈하여, 마침내 여러분을 멸망시킬 것입니다. 그들은 곡식과 포도주와 기름과 송아지와 어린양을 남겨 두지 않는 것은 물론이고, 결국에는 여러분도 가만 놔두지 않을 것입니다. 그들이 사방에서 여러분을 포위하고 공격하여 여러분을 성문 뒤로 몰아넣을 것입니다. 그들은 여러분이 안전하다고 여기던 높고 웅대한

성벽을 공격하여 무너뜨릴 것입니다. 그들은 **하나님** 여러분의 하나님께서 여러분에게 주신 땅 도처에 있는 요새화된 성읍을 그렇게 포위하고 공격할 것입니다.

53-55 마침내 여러분은 **하나님** 여러분의 하나님께서 여러분에게 주신 아들딸을 잡아먹을 것입니다. 포위 공격으로 고통이 최고조에 달하면, 여러분은 여러분의 젖먹이까지 잡아먹게 될 것입니다. 여러분 가운데 가장 온유하고 자상하던 남자마저 험악하게 변하여, 자기 형제와 소중한 아내와 살아남은 자녀들에게까지 독기 서린 눈을 부라리고, 자기가 먹고 있는 자기 자녀의 살점을 그들과 나눠 먹으려 하지 않을 것입니다. 원수들이 여러분의 요새화된 성읍을 포위하고 옥죄어 오는 것이 고통스러워서, 그는 모든 것을 잃고 인간성마저 상실하게 된 것입니다.

56-57 여러분 가운데 가장 온유하고 상냥하여 들꽃 한 송이조차 함부로 밟지 않던 여자마저 험악하게 변하여, 자신의 소중한 남편과 아들딸에게 독기 서린 눈을 부라리고, 심지어 갓 태어난 아기와 그 태반까지 남몰래 먹으려 들 것이며, 기어이 잡아먹고 말 것입니다! 원수들이 여러분의 요새화된 성읍을 포위하고 옥죄어 오는 것이 고통스러워서, 그녀는 모든 것을 잃고 인간성마저 상실했기 때문입니다.

58-61 여러분이 이 영광스럽고 두려운 이름, **하나님** 여러분의 하나님을 경외하지 않고, 이 책에 쓰인 모든 계시의 말씀을

부지런히 지키지 않으면, **하나님** 여러분의 하나님께서 여러분과 여러분의 자손에게 재앙을 내리실 것입니다. 그칠 줄 모르는 큰 재앙과 무시무시한 질병으로 사정없이 치실 것입니다. 그분께서는 한때 여러분이 그토록 무서워하던 이집트의 모든 질병을 가져다가 여러분에게 들러붙게 하실 것입니다. 그렇습니다. **하나님**께서는 상상할 수 있는 모든 질병과 재앙, 이 계시의 책에 기록되지 않은 재앙까지 여러분에게 내리셔서, 여러분을 멸하실 것입니다.

⁶² 여러분이 한때 하늘의 눈부신 별처럼 허다하게 많더라도, 이제는 몇 안되는 가엾은 낙오자로 남고 말 것입니다. 이는 **하나님** 여러분의 하나님께서 하시는 말씀을 여러분이 순종하여 듣지 않았기 때문입니다.

⁶³⁻⁶⁶ 결국 이렇게 끝나고 말 것입니다. 전에 **하나님**께서 여러분을 기뻐하시고, 여러분을 잘 살게 하시고, 여러분에게 많은 자손 주기를 기뻐하셨던 것처럼, 이제 여러분을 제거하고 땅에서 없애 버리는 것을 기뻐하실 것입니다. 그분께서는 여러분이 들어가 차지할 그 땅에서 여러분을 뿌리째 뽑아, 사방으로 부는 바람에 여러분을 실어, 땅 이쪽 끝에서 저쪽 끝까지 흩어 버리실 것입니다. 여러분은 다른 모든 신들, 곧 여러분과 여러분의 조상이 들어 보지도 못한 신들, 나무나 돌로 만들어져 신이라고 할 수도 없는 것들을 섬기게 될 것입니다. 여러분은 거기서 안식을 얻기는커녕 자

리조차 잡지 못할 것입니다. **하나님**께서 여러분에게 불안한 마음, 갈망하는 눈, 향수병에 걸린 영혼을 주실 것입니다. 여러분은 끊임없는 위험에 노출된 채 온갖 망령에 시달리며, 다음 모퉁이에서 무엇을 만날지 전혀 알지 못한 채 살게 될 것입니다.

67 여러분은 아침에는 "어서 저녁이 되었으면!" 하고, 저녁에는 "어서 아침이 되었으면!" 할 것입니다. 여러분은 직접 목격한 광경 때문에 다음에 무슨 일이 닥칠지 몰라서, 두려워 떨게 될 것입니다.

68 "여러분이 다시는 보지 않게 될 것입니다" 하고 내가 약속한 그 길로, **하나님**께서 여러분을 배에 태워 이집트로 돌려보내실 것입니다. 거기서 여러분이 자기 자신을 원수들에게 남종이나 여종으로 팔려고 해도, 여러분을 살 사람이 없을 것입니다.

모압 평야에서 맺으신 언약의 말씀

29

1 이것은 **하나님**께서 호렙에서 이스라엘 백성과 맺으신 언약에 덧붙여, 모압 땅에서 모세에게 명령하여 그들과 맺으신 언약의 말씀이다.

2-4 모세가 온 이스라엘을 불러 모아 말했다. 여러분은 **하나님**께서 이집트에서 바로와 그의 신하들에게 하신 일, 이집트 온 땅에 하신 모든 일을 두 눈으로 똑똑히 보았습니다.

그것은 여러분이 직접 목격한 엄청난 시험과 큰 표적과 이적이었습니다. 그러나 **하나님**께서는 오늘까지 여러분에게 깨닫는 마음이나 통찰력 있는 눈이나 경청하는 귀를 주지 않으셨습니다.

5-6 나는 지난 사십 년 동안 여러분을 이끌고 광야를 지나왔습니다. 그 모든 세월 동안 여러분의 몸에 걸친 옷이 해어지지 않았고, 여러분의 발에 신은 신발이 닳지 않았습니다. 여러분은 **빵**과 포도주와 맥주 없이도 잘 살았습니다. 이는 하나님이 정말로 **하나님** 여러분의 하나님이신 것을 여러분에게 알게 하시려는 것이었습니다.

7-8 여러분이 이곳에 이르렀을 때, 헤스본 왕 시혼과 바산 왕 옥이 전쟁 준비를 하고 우리와 싸우러 나왔지만, 우리는 그들을 쳐부수었습니다. 우리는 그들의 땅을 빼앗아 르우벤 자손과 갓 자손과 므낫세 반쪽 지파에게 유산으로 주었습니다.

9 여러분은 이 언약의 말씀을 부지런히 지키십시오. 이 말씀대로 행하면, 여러분은 모든 면에서 지혜롭고 잘 살게 될 것입니다.

10-13 오늘 여러분은 **하나님** 여러분의 하나님 앞에 모두 나와 섰습니다. 각 지파의 우두머리, 여러분의 지도자, 관리, 이스라엘의 모든 사람, 곧 여러분의 아이와 아내와 여러분의 진에 장작과 물을 날라다 주는 외국인에 이르기까지 다 나

와서, **하나님** 여러분의 하나님께서 오늘 여러분과 맺으시는
엄숙한 언약에 참여하고 있습니다. **하나님**께서 여러분과 여
러분의 조상 아브라함과 이삭과 야곱에게 약속하신 대로,
여러분은 그분의 백성이 되고, 그분은 **하나님** 여러분의 하
나님이 되시겠다는 언약을 다시 굳게 하는 것입니다.

14-21 나는 이 언약과 맹세를 여러분하고만 맺는 것이 아닙
니다. 나는 오늘 **하나님** 우리 하나님 앞에 서 있는 여러분하
고만 이 언약을 맺는 것이 아니라, 오늘 이 자리에 있지 않
은 사람들과도 맺는 것입니다. 우리가 이집트에서 어떤 처
지로 살았고 우리가 여러 민족들 사이를 어떻게 헤쳐 왔는
지, 여러분은 잘 알고 있습니다. 여러분은 그들의 역겨운 것
들, 곧 그들이 나무와 돌과 은과 금으로 만든 잡신들을 충분
히 보았습니다. 여러분 가운데 남자나 여자나, 어떤 가문이
나 지파 그 누구든지, **하나님**에게서 벗어나 그 민족들의 우
상에 빠지지 않도록, 경계를 늦추지 마십시오. 독초가 움터
올라 여러분 가운데 퍼지지 않게 하십시오. 이 언약과 맹세
의 말씀을 듣고도 자신을 제외시켜 "미안하지만, 나는 내 뜻
대로 살겠습니다" 하면서 모든 사람의 목숨까지 파멸시키는
자가 생기지 않게 하십시오. **하나님**께서 그를 용서하지 않
으실 것입니다. **하나님**의 진노와 질투가 화산처럼 폭발하여
그에게 미칠 것입니다. 이 책에 기록된 모든 저주가 그를 덮
을 것입니다. **하나님**께서 그의 이름을 기록에서 지워 버리
실 것입니다. **하나님**께서 그를 이스라엘 모든 지파 가운데

서 따로 떼어 내어, 이 계시의 책에 기록된 언약의 온갖 저
주대로, 그에게 특별한 벌을 내리실 것입니다.

²²⁻²³ 여러분 뒤에 올 다음 세대의 자손과 먼 나라에서 올 외
국인이, 도처에 널린 참상과 **하나님**께서 온 땅을 병들게 하
신 것을 보고 소스라치게 놀랄 것입니다. 그들은 유황불에
검게 타 버린 불모지와 소금 평야, 아무것도 뿌릴 수 없고,
아무것도 자라지 않으며, 풀잎 하나 돋아나지 않는 땅을 보
게 될 것입니다. 그 땅은 **하나님**께서 진노로 멸하신 소돔과
고모라와 아드마와 스보임 같을 것입니다.

²⁴ 모든 민족이 이렇게 물을 것입니다. "어찌하여 **하나님**께
서 이 땅에 이런 일을 행하셨단 말인가? 도대체 무엇이 그
분을 이토록 진노하게 했을까?"

²⁵⁻²⁸ 그러면 여러분의 자손이 이렇게 대답할 것입니다. "그
들은, **하나님**께서 이집트에서 그들 조상을 이끌어 내신 뒤
에 그들 조상과 맺으신 언약을 저버리고, 그들이 들어 보지
도 못하고 그들과 아무 관계도 없는 신들에게 가서 그것들
을 섬기고 그것들에게 복종했기 때문입니다. 그래서 **하나
님**의 진노가 폭발하여 이 땅에 미쳤고, 이 책에 기록된 온갖
저주가 그 위에 내렸습니다. 크게 진노하신 **하나님**께서 그
들을 그 땅에서 뿌리 뽑으셔서, 오늘 여러분이 보는 것처럼,
다른 땅에 내다 버리신 것입니다."

²⁹ 감추어진 것은 **하나님** 우리 하나님께서 책임지고 하실 일

이지만, 드러난 것은 우리의 몫입니다. 이 모든 계시의 말씀을 소중히 여겨 순종하는 것은, 우리와 우리 자손이 해야 할 일입니다.

생명과 선, 죽음과 악의 길

30

¹⁻⁵ 앞으로 이런 일이 일어날 것입니다. 내가 여러분 앞에 제시한 대로 복과 저주가 임할 것입니다. **하나님**께서 여러분을 흩으셔서 여러 민족들 가운데서 살게 하실 때에, 여러분과 여러분의 자손이 이 일들을 진지하게 받아들이고 **하나님** 여러분의 하나님께 돌아와서 내가 오늘 여러분에게 명령하는 모든 말씀에 따라 마음과 뜻을 다해 그분께 순종하면, **하나님** 여러분의 하나님께서 여러분이 잃어버린 모든 것을 회복해 주시고 여러분을 긍휼히 여기실 것입니다. 그분께서 돌아오셔서, 흩어져 살던 모든 곳에서 여러분을 모으실 것입니다. 여러분이 아무리 멀리 떨어져 있어도 **하나님** 여러분의 하나님께서는 그곳에서 여러분을 이끌고 나오셔서, 전에 여러분의 조상이 차지했던 땅으로 여러분을 다시 데려오실 것입니다. 그 땅은 다시 여러분의 땅이 될 것입니다. 그분은 그 땅에서 여러분을 잘 살게 하시고, 여러분의 조상보다 수가 더 많게 하실 것입니다.

⁶⁻⁷ **하나님** 여러분의 하나님께서 여러분과 여러분 자손의 마음에서 굳은살을 베어 내셔서, 여러분이 마음과 뜻을 다해 **하나님** 여러분의 하나님을 사랑하게 하시고, 참된 삶을 살

게 하실 것입니다. **하나님** 여러분의 하나님께서 여러분의
원수들, 곧 여러분을 미워하여 여러분을 노리던 자들 위에
이 모든 저주를 내리실 것입니다.

8-9 그러면 여러분은 새롭게 시작하여 **하나님**의 말씀을 잘
듣고, 내가 오늘 여러분에게 명령하는 그분의 모든 계명을
지킬 것입니다. **하나님** 여러분의 하나님께서 여러분의 일에
전보다 더 큰 복을 주실 것입니다. 여러분은 아이를 낳고 송
아지를 얻고 농작물을 재배하며, 모든 면에서 행복한 삶을
누리게 될 것입니다. 그렇습니다. **하나님**께서 여러분의 조
상이 잘 되게 하면서 기뻐하셨듯이, 여러분의 일이 잘 되게
하면서 다시 기뻐하실 것입니다.

10 여러분이 **하나님** 여러분의 하나님의 말씀을 잘 듣고 이
계시의 책에 기록된 계명과 규례를 지키면, 그렇게 해주실
것입니다. 마지못해 해서는 안됩니다. 여러분은 마음을 다
하고 정성을 다해 **하나님** 여러분의 하나님께 돌아와야 합니
다. 조금도 망설여서는 안됩니다.

11-14 내가 오늘 여러분에게 명령하는 이 계명은 여러분에게
어려운 것도 아니요, 여러분의 힘이 미치지 않는 곳에 있는
것도 아닙니다. 그 계명이 높은 산 위에 있어, 누가 산꼭대
기에 올라가서 그것을 가지고 내려와 여러분의 수준에 맞게
풀이해 주어야, 여러분이 그 계명대로 살아갈 수 있는 것도
아닙니다. 또한 그 계명이 바다 건너편에 있어, 누가 바다를
건너가서 그것을 가져다가 설명해 주어야, 여러분이 그 계

명대로 살아갈 수 있는 것도 아닙니다. 그렇습니다. 그 말씀
은 바로 지금 여기에 있습니다. 입 속 혀처럼 가까이, 가슴
속 심장처럼 가까이 있습니다. 그러니 바로 행하십시오!

15 내가 오늘 여러분을 위해 한 일을 보십시오.
내가 여러분 앞에
생명과 선,
죽음과 악을 두었습니다.

16 내가 오늘 여러분에게 명령합니다. **하나님** 여러분의 하나
님을 사랑하십시오. 그분의 길을 따라 걸어가십시오. 그분
의 계명과 법도와 규례를 지키십시오. 그러면 여러분이 참
으로 살고, 풍성하게 살 것입니다. **하나님** 여러분의 하나님
께서 여러분이 들어가 차지할 땅에서 여러분에게 복을 내리
실 것입니다.
17-18 그러나 여러분에게 경고합니다. 여러분의 마음이 변하
여 잘 듣지 않고 자기 마음대로 떠나서 다른 신들을 섬기고
숭배하면, 여러분은 반드시 죽고 말 것입니다. 요단 강을 건
너 들어가 차지할 땅에서 오래 살지 못할 것입니다.
19-20 나는 오늘 하늘과 땅을 불러 여러분 앞에 증인으로 세
우고, 생명과 죽음, 복과 저주를 여러분 앞에 둡니다. 여러
분과 여러분의 후손이 살려거든, 생명을 택하십시오. **하나
님** 여러분의 하나님을 사랑하고, 그분의 말씀을 순종하여

듣고, 그분을 꼭 품으십시오. 그렇습니다. 그분이 바로 생명이십니다. 여러분의 조상 아브라함과 이삭과 야곱에게 주겠다고 약속하신 그 땅에 계신 **하나님** 여러분의 하나님이야말로, 생명 그 자체이십니다.

모세의 마지막 당부

31
¹⁻² 모세가 온 이스라엘에게 계속해서 이 말을 선포했다. 그가 말했다. "내 나이가 이제 백스무 살입니다. 거동이 전과 같지 못합니다. **하나님**께서도 나에게 '너는 이 요단 강을 건너지 못할 것이다' 하고 말씀하셨습니다.

³⁻⁵ **하나님** 여러분의 하나님께서 여러분보다 먼저 강을 건너셔서, 여러분 앞에 있는 저 민족들을 멸하시고, 여러분이 그들을 쫓아내게 하실 것입니다. (**하나님**께서 말씀하신 대로, 여호수아가 여러분 앞에서 강을 건널 것입니다.) **하나님**께서는 아모리 왕 시혼과 옥과 그들의 땅에 행하신 것처럼, 저 민족들에게도 똑같이 행하시고 저들을 멸하실 것입니다. **하나님**께서 저 민족들을 여러분 손에 넘겨주시면, 여러분은 내가 여러분에게 명령한 대로 그들에게 행하십시오.

⁶ 힘을 내십시오. 용기를 내십시오. 두려워하지 마십시오. **하나님** 여러분의 하나님께서 여러분보다 앞서 성큼성큼 힘차게 걸어가시니, 그들을 두려워하지 마십시오. 하나님께서 여러분과 함께하실 것입니다. 여러분을 버리지도 않으시고,

떠나지도 않으실 것입니다."

7-8 모세가 여호수아를 불러, 온 이스라엘이 지켜보는 앞에서 그에게 말했다. "힘을 내시오. 용기를 내시오. 그대는 이 백성과 함께 **하나님**께서 그들 조상에게 주시겠다고 약속하신 땅으로 들어가서, 그들이 저 땅을 자랑스럽게 차지하게 하시오. **하나님**께서 그대보다 앞서 성큼성큼 힘차게 걸어가시고, 그대와 함께하십니다. 그대를 버리지도 않으시고, 떠나지도 않으실 것이오. 두려워하지 마시오. 염려하지 마시오."

❧

9-13 모세가 이 계시의 말씀을 기록하여, **하나님**의 언약궤를 나르는 레위 자손 제사장과 이스라엘의 모든 지도자에게 주었다. 그리고 그들에게 명령을 내렸다. "일곱째 해, 곧 모든 빚을 면제해 주는 해가 끝날 무렵인 초막절 순례 기간에, 온 이스라엘이 **하나님** 여러분의 하나님을 뵈려고 그분께서 정해 주신 곳으로 나아올 때에, 여러분은 이 계시의 말씀을 온 이스라엘에게 읽어 주어, 모두가 듣게 하십시오. 남자와 여자와 아이와 여러분과 함께 사는 외국인 할 것 없이 백성을 다 불러 모아서, 그들이 잘 듣고, **하나님** 여러분의 하나님을 경외하며 사는 법을 배우고, 이 모든 계시의 말씀을 부지런히 지키게 하십시오. 이 모든 것을 모르는 그들의 자녀들도, 여러분이 요단 강을 건너가 차지할 땅에서 사는 동안에 듣고 배워서, **하나님** 여러분의 하나님을 경외하며 살게 하십시오."

14-15 **하나님**께서 모세에게 말씀하셨다. "너는 머지않아 죽는다. 여호수아를 불러, 함께 회막에서 나를 만나거라. 내가 그를 임명하겠다."

그래서 모세와 여호수아가 함께 가서 회막에 섰다. **하나님**께서 구름기둥 가운데서 회막에 나타나시고, 구름은 회막 입구 가까이에 있었다.

16-18 **하나님**께서 모세에게 말씀하셨다. "이제 너는 죽어서 네 조상과 함께 묻힐 것이다. 네가 무덤에 눕자마자, 이 백성은 저 땅에 들어가 이방 신들을 음란하게 섬길 것이다. 그들은 나를 저버리고, 나와 맺은 언약을 깨뜨릴 것이다. 나는 몹시 진노할 것이다! 나는 그들을 홀로 버려둔 채 떠나가서 뒤돌아보지 않을 것이다. 그러면 수많은 재난과 재앙이 무방비 상태의 그들을 덮칠 것이다. 그들은 '이 모든 재앙이 우리에게 닥친 것은 하나님께서 여기 계시지 않기 때문이 아닌가?' 하고 말할 것이다. 그러나 나는, 그들이 다른 신들과 어울리며 저지른 온갖 악행 때문에, 그들의 삶에 관여하지 않고 못 본 척할 것이다!

19-21 이제 너희는 이 노래를 옮겨 적은 다음, 이스라엘 백성에게 가르쳐서 외워 부르게 하여라. 그러면 이 노래가 그들에게 나의 증언이 될 것이다. 내가 그들의 조상에게 약속한 젖과 꿀이 흐르는 땅으로 그들을 이끌고 들어가면, 그들이 배불리 먹고 살이 쪄서 다른 신들과 바람을 피우고 그것들을 섬기기 시작할 것이다. 사태가 악화되어 끔찍한 일들

이 일어난 뒤에야, 그들 곁에서 이 노래가 증언이 되어, 그
들이 누구이며 무엇이 잘못되었는지 일깨워 줄 것이다. 그
들의 후손이 이 노래를 잊지 않고 부를 것이다. 내가 약속한
저 땅에 그들이 아직 들어가지 않았지만, 나는 그들이 무슨
생각을 품고 있는지 다 알고 있다."

22 모세가 그날에 이 노래를 기록하여 이스라엘 백성에게 가
르쳤다.

23 하나님께서 눈의 아들 여호수아에게 명령하여 말씀하셨
다. "힘을 내라. 용기를 내라. 너는 내가 이스라엘 백성에게
주겠다고 약속한 땅에 그들을 이끌고 들어갈 것이다. 내가
너와 함께하겠다."

24-26 모세는 이 계시의 말씀을 마지막 한 글자까지 책에 다
기록하고 나서, 하나님의 언약궤 운반을 맡은 레위인들에게
명령하여 말했다. "이 계시의 책을 가져다가 하나님 여러분
의 하나님 언약궤 옆에 두십시오. 이 책을 거기에 두어 증거
로 삼으십시오.

27-29 나는 여러분이 반역을 일삼으며, 얼마나 완악하고 제멋
대로인지 잘 알고 있습니다. 지금 내가 버젓이 살아서 여러
분과 함께 있는데도 여러분이 하나님께 반역하는데, 내가
죽으면 얼마나 더하겠습니까! 그러니 각 지파의 지도자와
관리들을 이곳으로 불러 모으십시오. 내가 하늘과 땅을 증
인 삼아 그들에게 직접 말해야겠습니다. 내가 죽은 뒤에, 여
러분이 모든 것을 엉망으로 만들고, 내가 명령한 길에서 떠

나 온갖 악한 일을 끌어들이리라는 것을 나는 잘 알고 있습니다. 또한 나는 여러분이 **하나님**을 무시하고 기어이 악을 행하리라는 것과, 여러분이 행하는 일로 그분을 진노하게 하리라는 것도 잘 알고 있습니다."

³⁰ 온 이스라엘이 모여서 듣는 가운데, 모세는 그들에게 다음 노랫말을 처음부터 끝까지 가르쳐 주었다.

모세의 노래

32

¹⁻⁵ 하늘아, 내가 말할 테니 귀를 기울여라.
땅아, 내가 입을 열 테니 주목하여라.
나의 가르침은 부드러운 비처럼 내리고
나의 말은 아침 이슬처럼 맺히나니,
새싹 위에 내리는 가랑비
정원에 내리는 봄비 같다.
내가 **하나님**의 이름을 선포하니
우리 하나님의 위대하심에 응답하여라!
그분은 반석, 그분의 일은 완전하고
그분의 길은 공평하고 정의롭다.
너희가 의지할 하나님은 한결같이
올곧은 하나님이시다.
그분의 자녀라고 할 수 없는, 엉망진창인 자들이
그분 얼굴에 먹칠을 하지만, 그분 얼굴은 조금도 더러워지지 않는다.

6-7 너희가 이처럼 대하는 분이 **하나님**이심을 알지 못하느냐?

이런 미친 짓을 하다니. 너희는 경외심도 없느냐?

이분은 너희를 창조하신 아버지,

너희를 지으셔서 땅 위에 세우신 아버지가 아니시더냐?

너희가 태어나기 전에 어떤 일이 있었는지 읽어 보아라.

옛일을 조사하고, 너희 뿌리를 알아보아라.

너희가 태어나기 전에는 어떠했는지 부모에게 물어보고,

어른들에게 물어보아라. 그들이 한두 가지 말해 줄 것이다.

8-9 지극히 높으신 하나님께서 민족들에게 땅을 나누어 주시고

땅 위에 살 곳을 주실 때,

백성마다 경계를 그어 주시고

하늘 보호자들의 보살핌을 받게 하셨다.

그러나 **하나님**께서 자기 백성만은 친히 떠맡으시고

야곱만은 직접 돌보셨다.

10-14 그분이 광야에서

바람만 드나드는 텅 빈 황무지에서 그를 찾아내시고

두 팔로 감싸 극진히 돌보아 주셨으며

자기 눈동자처럼 지켜 주셨다.

마치 독수리가 보금자리를 맴돌며

새끼들을 보호하고
날개를 펴서 새끼들을 공중으로 들어 올려
새끼들에게 나는 법을 가르치듯이,
하나님께서 홀로 야곱을 인도하시고
이방 신은 눈에 띄지 않게 하셨다.
하나님께서 그를 산꼭대기로 들어 올리셔서,
밭의 곡식을 마음껏 즐기게 하셨다.
바위에서 흘러내리는 꿀을 먹이시고
단단한 바위틈에서 나오는 기름을 먹게 하셨다.
우유로 만든 치즈와 양의 젖
어린양과 염소의 살진 고기와
바산의 숫양, 질 좋은 밀을 먹이시고
검붉은 포도주를 먹게 하셨다. 너희는 질 좋은 포도주를
마신 것이다!

15-18 여수룬은 몸집이 커지자 반항했다.
네가 살이 찌고 비대해져 기름통이 된 것이다.
그는 자신을 지으신 하나님을 저버리고
자기 구원의 반석을 업신여겼다.
그들은 최신 유행하는 이방 신들로 그분의 질투를 사고
음란한 짓으로 그분의 진노를 불러일으켰다.
그들은 신이라고 할 수 없는 귀신들,
자기들이 알지도 못하던 신들,

시장에 갓 나온 최신 유행하는 신들,
너희 조상이 한 번도 "신"이라고 부른 적 없는 것들에게
제물을 바쳤다.
너희에게 생명을 주신 반석이신 분을 버리고
너희를 세상에 내신 하나님을 잊어버렸다.

19-25 **하나님**께서 그것을 보시고 발길을 돌리셨다.
자기 아들딸들에게 상처를 입으시고 진노하셨다.
그분께서 말씀하셨다. "이제부터 나는 못 본 척하겠다.
그들에게 무슨 일이 일어나는지 지켜보겠다.
그들은 변절자, 위아래가 뒤집힌 세대다!
다음에는 어떻게 할지 그 진심을 누가 알겠느냐?
그들이 신이 아닌 것들로 나를 자극하고
허풍쟁이 신들로 나를 격노케 했으니,
이제 나도 내 백성이 아닌 자들로 그들을 자극하고
빈껍데기 민족으로 그들을 격앙시키겠다.
나의 진노가 불을 뿜으니,
들불처럼 스올 밑바닥까지 타들어 가며
하늘 높이 치솟아 땅과 곡식을 삼켜 버리고
모든 산을 기슭에서 꼭대기까지 불살라 버린다.
나는 그들 위에 재난을 쌓아 올리고
굶주림, 불 같은 더위, 치명적인 질병을
화살 삼아 그들을 향해 쏘겠다.

으르렁거리는 들짐승들을 숲에서 보내어 그들을 덮치게
하고
독벌레들을 땅속에서 보내어 그들을 치게 하겠다.
거리에는 살인이
집 안에는 공포가 난무하니,
청년과 처녀가 거꾸러지고
젖먹이와 백발노인도 거꾸러질 것이다."

26-27 "내가 그들을 갈기갈기 찢어
땅에서 그들의 흔적을 모두 지워 버리겠다' 할 수도 있었지만
원수가 그 모든 것을 자기 공로인 양
"우리가 한 일을 보아라!
이 일은 **하나님**과 아무 관계가 없다' 하고 우쭐댈까 봐
그렇게 하지 않았다.

28-33 그들은 어리석은 민족이어서
비를 피할 줄도 모른다.
그들이 조금이라도 분별력이 있었다면
길 위에 무엇이 떨어지고 있는지 볼 텐데.
그들의 반석이신 분께서 그들을 팔아 버리지 않으시고서야
하나님께서 그들을 포기하지 않으시고서야.
어찌 군사 한 명이 천 명의 적을 쫓아내며
어찌 두 사람이 이천 명을 도망치게 할 수 있겠느냐?

우리의 원수들조차 자기들의 반석은
우리의 반석에 비하면 아무것도 아니라고 한다.
그들은 소돔에서 뻗어 나온 포도나무,
고모라의 밭에 뿌리박은 포도나무다.
그들의 포도는 독이 있어서
송이마다 쓰기만 하다.
그들의 포도주는 방울뱀의 독,
치명적인 코브라의 독이 섞여 있다.

34-35 내가 그것들을 내 창고에 보관하고
철문으로 꼭꼭 잠가 둔 것을, 깨닫지 못하느냐?
원수 갚는 것은 나의 일이니
그들이 넘어지기만을 내가 기다린다.
그들이 멸망할 날이 가까우니
느닷없이 신속하고도 확실하게 닥칠 것이다.

36-38 **하나님**께서는 자기 백성을 심판하셔도
가엾게 여기며 심판하실 것이다.
그들의 힘이 다하고
종도 자유인도 남지 않았음을
그분께서 보시고 말씀하실 것이다.
"그들의 신들이 어디 있느냐?
그들이 피난처로 삼던 반석이 어디 있느냐?

그들이 제물로 바친 지방 덩어리를 먹고
그들이 부어 바친 포도주를 마시던 신들이 어디 있느냐?
능력을 보여달라고, 도와 달라고,
너희에게 손을 펼쳐 달라고, 그것들에게 말해 보아라!"

39-42 "이제 알겠느냐? 내가 하나님인 줄 이제 알겠느냐?
나밖에 다른 신이 없다는 것을 알겠느냐?
나는 죽이기도 하고 살리기도 하며, 상하게도 하고 낫게
도 하니
내게서 빠져나갈 자 아무도 없다!
내가 손을 들고 엄숙히 맹세한다.
'나는 언제 어디에나 있다. 내가 내 생명을 걸고 약속한다.
내가 번뜩이는 칼을 갈아
재판을 집행할 때
나의 원수들에게 복수하고
나를 미워하는 자들에게 되갚아 주겠다.
내 화살이 피에 취하게 하고
내 칼이 살을 실컷 먹게 하겠다.
살해당한 자들과 포로들,
오만하고 거만한 원수의 주검을 마음껏 먹게 하겠다.'"

43 민족들아, 그분의 백성과 함께 즐거워하고 찬양하여라.
그분께서는 자기 종들의 죽음을 갚아 주시고

자기 원수들에게 복수하시며
그 백성을 위해 자기 땅을 깨끗게 하신다.

44-47 모세와 눈의 아들 여호수아가 가서 이 노랫말을 백성에게 들려주었다. 모세가 이 모든 말씀을 온 이스라엘에게 전한 뒤에 말했다. "내가 오늘 증언한 이 모든 말씀을 마음에 새기고, 속히 여러분의 자녀들에게 명령하여 이 모든 계시의 말씀을 하나하나 실천하게 하십시오. 그렇습니다. 이것은 여러분에게 하찮은 것이 아닙니다. 바로 여러분의 생명입니다. 여러분이 이 말씀을 지키면, 요단 강을 건너가 차지할 저 땅에서 오래도록 잘 살 것입니다."

48-50 바로 그날에 **하나님**께서 모세에게 말씀하셨다. "너는 여리고 맞은편 모압 땅에 있는 아바림 산을 타고 느보 산 정상에 올라가서, 내가 이스라엘 백성에게 주어 차지하게 할 가나안 땅을 바라보아라. 네 형 아론이 호르 산에서 죽어 자기 조상에게 돌아간 것처럼, 너도 네가 올라간 산에서 죽어 땅에 묻힌 네 조상에게 돌아가거라.
51-52 이는 네가 신 광야 가데스의 므리바 샘에서 이스라엘 백성이 지켜보는 가운데 나와의 믿음을 저버리고, 나의 거룩한 임재를 나타내지 않았기 때문이다. 너는 네 앞에 펼쳐진 저 땅, 내가 이스라엘 백성에게 주는 땅을 바라보기만 할 뿐, 들어가지는 못할 것이다."

모세의 축복

33

¹⁻⁵ 하나님의 사람 모세가 죽기 전에, 이스라엘 백성에게 다음과 같은 말로 축복했다.

하나님께서 시내 산에서 내려오시고
세일 산에서 그들 위에 떠오르셨다.
그분께서 바란 산에서 빛을 비추시고
거룩한 천사 만 명을 거느리고 오시는데
그분의 오른손에서는
널름거리는 불길이 흘러나왔다.
오, 주께서 저 백성을 어찌나 아끼시는지,
당신의 거룩한 이들이 모두 주의 왼손 안에 있습니다.
그들이 주의 발 앞에 앉아서
주의 가르침을,
모세가 명령한 계시의 말씀을
야곱의 유산으로 귀히 여깁니다.
이렇게 **하나님**께서는
이스라엘의 지도자와 지파들이 모인 가운데
여수룬에서 왕이 되셨습니다.

⁶ 르우벤

"르우벤은 그 수가 줄어들어 겨우겨우 살겠지만
죽지 않고 살게 해주십시오."

7 유다

"**하나님**, 유다의 외치는 소리를 들으시고
그를 자기 백성에게로 데려다 주십시오.
그의 손을 강하게 하시고
그의 도움이 되셔서 그의 원수들을 물리쳐 주십시오."

8-11 레위

"주의 둠밈과 우림이
주의 충성스런 성도에게 있게 해주십시오.
주께서 맛사에서 그를 시험하시고
므리바 샘에서 그와 다투셨습니다.
그는 자기 아버지와 어머니를 두고
'나는 저들을 모른다' 하고
자기 형제들을 외면하고
자기 자식들까지 못 본 체했으니,
이는 그가 주의 말씀을 보호하고
주의 언약을 지키고 있었기 때문입니다.
그로 하여금 주의 규례를 야곱에게 가르치고
주의 계시를 이스라엘에게 가르치며,
주의 코에 향을 피워 올리고
주의 제단에서 번제를 드리게 해주십시오.
하나님, 그의 헌신에 복을 주시고
그가 하는 일에 주께서 승인하신다는 표를 찍어 주십시오.

그에게 대항하는 자의 허리를 꺾으셔서
그를 미워하는 자의 최후가 어떠한지, 저희가 듣게 해주
십시오."

12 베냐민
"그는 **하나님**께서 사랑하시는 자,
하나님의 영원한 거처.
하나님께서 종일토록 그를 감싸시고
그 안에서 편히 쉬신다."

13-17 요셉
"그의 땅은 **하나님**께 이런 복을 받게 하십시오.
높은 하늘에서 내리는 가장 맑은 이슬
땅속 깊은 곳에서 솟구치는 샘물
태양이 발하는 가장 밝은 빛
달이 내는 가장 좋은 빛
산들의 꼭대기에서 쏟아지는 아름다움
영원한 언덕에서 나는 최고의 산물
땅의 풍성한 선물들 가운데서도 가장 값진 선물
불타는 떨기나무에 거하시는 분의 미소.
이 모든 복이 요셉의 머리 위에
형제들 가운데서 거룩하게 구별된 이의 이마 위에 내릴
것이다.

그는 처음 태어난 수소처럼 위엄이 있고
그의 뿔은 들소의 뿔.
그 뿔로 민족들을 들이받아
땅 끝으로 모두 밀어낼 것이다.
에브라임의 수만 명이 그러하고
므낫세의 수천 명이 그러할 것이다."

18-19 스불론과 잇사갈
"스불론아, 외출할 때에 기뻐하여라.
잇사갈아, 집에 있을 때에 기뻐하여라.
그들이 사람들을 산으로 초청하여
바른 예배의 제물을 바칠 것이니,
바다에서 풍요를 거둬들이고
바닷가에서 보화를 주울 것이기 때문이다."

20-21 갓
"갓을 광대하게 하신 분, 찬양을 받으소서.
갓은 사자처럼 돌아다니다가
먹이의 팔을 찢고, 그 머리를 쪼갠다.
그는 가장 좋은 곳, 지도자의 몫으로 마련된 그 땅을
한 번 쳐다보고 혼자 힘으로 움켜쥐었다.
그는 선두에 서서
하나님의 옳은 길을 따르고

이스라엘의 생명을 위해 그분의 규례를 지켰다."

22 단

"단은 바산에서 뛰어오르는
새끼 사자다."

23 납달리

"납달리에게 은총이 넘치고
하나님의 복이 넘쳐흐른다.
그는 바다와
남쪽 땅을 차지한다."

24-25 아셀

"아들들 가운데 가장 많은 복을 받은 아셀!
형제들이 가장 아끼는 이가 되어
그 발을 기름에 담그고 안마를 받을 것이다.
철문을 잠갔으니 안전하고
살아 있는 동안 네 힘이 강철 같을 것이다."

❀

26-28 여수룬아, 하나님 같은 분은 없다.
그분께서 너를 구하시려 하늘을 가르고 오시며
구름으로 자기 위엄을 두르신다.

옛부터 계시는 하나님은 너의 안식처,

영원하신 두 팔이 그 기초를 떠받치신다.

그분께서 원수들을 네 앞에서 쫓아내시며

"멸하여라!" 명령하셨다.

이스라엘은 안전히 살고

야곱의 샘은 곡식과 포도주의 땅에

고요히 흐르고

그의 하늘은 이슬을 흠뻑 내린다.

²⁹ 이스라엘아! 너와 같이 복된 이가 누구겠느냐?

하나님께 구원받은 백성아!

그분은 너를 지키시는 방패

승리를 안기시는 칼.

네 원수들이 배로 기어서 네게 나아오고

너는 그들의 등을 밟고 행진할 것이다.

모세의 죽음

34
¹⁻³ 모세가 모압 평야에서 여리고 맞은편에 있는 느보 산 비스가 꼭대기에 올랐다. **하나님께서** 그에게 길르앗에서 단까지 이르는 온 땅을 보여주셨다. 납달리와 에브라임과 므낫세의 땅, 지중해까지 이르는 유다의 땅, 네겝 지역, 종려나무 성읍 여리고를 에워싸며 멀리 남쪽 소알까지 이르는 평지를 보여주셨다.

⁴ 그런 다음 **하나님**께서 그에게 말씀하셨다. "이것은 내가 네 조상 아브라함과 이삭과 야곱에게 맹세하여 '네 후손에게 주겠다'고 약속한 땅이다. 내가 저기 있는 저 땅을 네 눈으로 보게 해주었다. 그러나 너는 저 땅에 들어가지 못한다."

⁵⁻⁶ **하나님**의 종 모세는 **하나님**께서 말씀하신 대로 모압 땅에서 죽었다. 하나님께서 그를 벳브올 맞은편 모압 땅 골짜기에 묻으셨는데, 오늘날까지 그가 묻힌 곳을 아는 사람이 아무도 없다.

⁷⁻⁸ 모세가 죽을 때 백스무 살이었으나 그는 눈빛이 흐리지 않았고, 거뜬히 걸어 다닐 수 있었다. 이스라엘 백성은 모압 평야에서 모세를 생각하며 삼십 일 동안 슬피 울었다. 이렇게 모세를 위해 애도하는 기간이 끝났다.

⁹ 모세가 안수했으므로, 눈의 아들 여호수아는 지혜의 영으로 가득 찼다. 이스라엘 백성은 그의 말을 잘 듣고, **하나님**께서 모세에게 명령하신 대로 행했다.

¹⁰⁻¹² 그 후로 지금까지 이스라엘에 모세와 같은 예언자가 다시는 일어나지 않았다. 모세는 **하나님**께서 얼굴을 마주 보고 아시던 사람이다. **하나님**께서 그를 이집트에 보내셔서 바로와 그의 모든 신하와 그의 온 땅에 일으키게 하신 표징과 이적 같은 것이, 그 후로 다시는 일어나지 않았다. 모세가 온 이스라엘 백성이 보는 앞에서 행한 크고 두려운 일과 그의 강한 손에 견줄 만한 것이 아무것도 없었다.